재미있게 제대로 27

지금! 바로! 쓸 수 있는 AI의 모든 것

글
TOSS AI활용교육연구회

감수
다니 가즈키
(TOSS 대표/다마가와대학 교직대학원 교수)

옮김
김지영

길벗어린이

생성형 AI로 무얼 해 보고 싶니?
만들고 싶은 것이나 좋아하는 것을 골라 봐!
과연 AI와 좋은 파트너가 될 수 있을까?

문장 생성 AI

글을 쓰는 것이 특기야. AI에 명령어를 입력해서 나만의 이야기를 만들어 보자.

사람과 대화하는 것처럼 이야기를 주고받을 수 있어. 고민 상담도 해 볼 수 있겠지.

문제를 내 달라고 명령하면 돼. 음성으로 영어 회화 연습도 할 수 있지.

'어떻게 하면 축구를 잘 할 수 있을까?' 같은 스포츠 연습 방법을 물어 보자.

54, 88쪽 등 다수

음성·음악 생성 AI

음악을 만들 수 있는 AI야. 가사를 넣고, 곡조 등을 고르면 돼.

96쪽

게임 생성 AI

게임을 만들 수 있어. 약간 어려우니까 이 책에서는 챗GPT와 조합한 방법 등을 소개할 거야.

112, 116쪽

이미지 생성 AI

명령어를 입력하면 그림(이미지)을 그리거나 원래 있던 이미지로 그림을 만들 수 있어.

102쪽

동영상 생성 AI

만들고 싶은 동영상을 명령어로 입력하면 그대로 동영상이 만들어져.

108쪽

들어가며

① 안전한 사용법을 즐겁게 배워요

이 책은 '생성형 AI'에 대해 어린이와 청소년이 알아 두면 좋을 내용을 최대한 알기 쉽게 소개하기 위해 만들어졌어요. 생성형 AI란, 마치 사람처럼 글을 쓰거나 그림을 그리는 '인공지능'을 말해요.

가장 잘 알려진 것으로는 **'챗GPT'**가 있어요. 하지만 **"챗GPT를 이용해서 숙제하는 아이들이 많아지니 문제야!"**라는 우려의 목소리도 높아지고 있어요.

여러 가지 위험성이 있긴 하지만, 챗GPT처럼 편리한 기술은 사용하면 이로운 점이 훨씬 많아요. 비행기도 자동차도 사고의 위험성이 있지만 높은 편리성 때문에 우리 생활 깊숙이 자리하고 있고, 심지어 어린이들이 자주 사용하는 가위 같은 문구류조차 100퍼센트 안전하지는 않으니까요.

진짜 문제는 바로 '위험성을 모른 채 사용한다'는 점이에요. 따라서 아래의 사항을 잘 지키는 것이 중요해요.

> ① AI에 개인 정보를 입력해서는 안 된다는 점 등을 학교와 가정에서 확실하게 가르친다.
> ② AI가 어떤 구조로 작동하는지 최대한 과학적으로 이해한다.

이 2가지 사항을 지키지 않으면 잘못된 방법으로 사용하게 될 수 있거든요.

학교나 가정에서도 어린이들에게 챗GPT를 무조건 금지시킬 게 아니라, '올바른 사용법'과 '편리한 사용법', '안전한 사용법' 등을 가르치는 게 중요해요.

챗GPT는 2022년 11월에 발표된 이래로 불과 사흘 만에 약 100만 명, 2달 만에 1억 명이 사용했어요.

사용자 수 1억 명에 도달하기까지 구글은 6년 반, 인스타그램은 2년 반이 걸렸다는 사실을 생각해 보면, 챗GPT가 얼마나 빠른 속도로 성장하고 있는지 알 수 있지요.

② 직접 사용해 봐요

인터넷에서 '챗GPT'를 검색하면 여러 가지 항목이 나와서 어느 것을 골라야 할지 잘 모를 거예요. 앱도 너무 많아서 선택하는 데 고민이 될 테고요.

이럴 땐 무료로 사용할 수 있는 'OpenAI'라는 회사의 '챗GPT'를 선택해서 사용하면 돼요(https://chat.openai.com/).

우선 이것에 익숙해진 다음, 다른 것들을 써 봐도 좋겠지요.

챗GPT는 무료이지만 회원 가입은 필수예요. 이메일 주소로 가입하면 누구나 무료로 이용이 가능해요.

챗GPT를 사용하면 마치 사람을 상대하듯이 대화할 수 있으며, 아래와 같은 다양한 상황에 도움이 될 수 있어요.

> 1. 질문에 대한 답
> 2. 글 요약
> 3. 글 첨삭
> 4. 다른 언어로 번역
> 5. 정보 수집
> 6. 아이디어 내기
> 7. 영어나 토론 연습 상대
> 8. 글이나 캐치프레이즈 초고
> 9. 기타

참고로 월 몇 만 원 정도의 이용료를 내는 '챗GPT 플러스'라는 유료 버전도 있어요(2023년 기준). 무료 버전보다 대답의 정밀도나 정보의 신뢰성, 창조성 등이 높아서 보다 전문적이고 복잡한 질문에 대한 답을 얻을 수 있다는 장점이 있지요.

앞으로 챗GPT와 같은 생성형 AI는 계속해서 널리 퍼져 나가 우리에게 더욱 편리한 서비스를 제공할 거예요.

따라서 챗GPT를 잘 사용하는 사람과 사용하지 못하는 사람은 업무 능력 등에서 차이가 날 수도 있어요.

미래를 살아갈 어린이들에게 "절대 사용 금지!"라고 정해 버리면 오히려 성장 가능성을 차단해 버리는 것일 수도 있어요.

무조건 안 된다고 하기보다는 생성형 AI의 특징을 이해하고, 더 좋은 방향으로 사용해 나갈 수 있는 능력을 키워 주는 편이 더 발전적이지 않을까요?

다음 페이지의 '안전한 사용법을 배우자' 등에서 설명하겠지만, 어린이는 챗GPT와 같은 생성형 AI를 무제한으로 사용하면 안 돼요. 무료 버전이든 유료 버전이든 어린이가 사용할 때는 반드시 어른과 함께 가입하고, 올바른 사용법 또한 함께 공부하도록 하세요.

이 책을 읽고, 어른과 아이가 함께 생성형 AI의 사용법과 AI의 미래에 관해 이야기를 나눌 수 있다면 더할 나위 없이 기쁠 거예요.

다니 가즈키

안전한 사용법을 배우자

생성형 AI를 사용할 때 주의할 점을 5가지로 정리했어요.

1

챗GPT를 제공하는 회사의 규약에 따라 18세 미만의 청소년은 부모의 동의가 필요해요.
아이에게 챗GPT 사용법을 가르칠 때는 반드시 어른이 함께하고, 올바르게 사용하는 모습을 보여주는 방법으로 체험시키세요.

2

학교와 같이 사용 가이드라인을 규정하고 있는 몇몇 기관들이 있어요. 이와 관련하여 우리나라의 국가사이버안보센터*에서는 '챗GPT 등 생성형 AI 활용 보안 가이드라인'을 제공하고 있지요. 학교 수업이나 과제 등에 사용할 때는 이 가이드라인을 확인하세요.

* https://www.ncsc.go.kr

3 어린이가 사용할 수 있는 형태의 AI를 제공하는 회사도 있어요. 관련 정보나 규칙을 잘 읽고 사용하세요.

4 생성형 AI의 시스템을 잘 모르는 채로 사용하면 자칫 개인 정보 등을 입력하는 실수를 할 수도 있어요. 이 책을 읽고 그런 위험성을 잘 이해한 다음에 사용하세요.

5 무언가를 '조사'하는 경우에 AI보다는 오히려 '검색 엔진'이나 '사전' 등이 더 편리할 때가 있어요. 생성형 AI는 '정확한 정보 검색'보다는 '자연스러운 문장을 만들어 내기'를 잘하거든요. 그런 점을 잘 이해한 다음, 쓰임에 맞게 적절히 사용하세요.

차례

들어가며 ··· 6

안전한 사용법을 배우자 ·· 10

제1장 AI의 비밀

1-1 생성형 AI란? ··· 16

1-2 생성형 AI가 잘하는 것과 못 하는 것 ······················· 20

1-3 AI가 답변을 잘하는 이유는? ······································ 28

1-4 '팩트 체크'가 뭘까? 왜 중요하지? ···························· 32

1-5 믿을 수 있는 정보는 뭘까? 미디어 신뢰도 순위 ········ 36

제2장 AI로 재미있게 공부하고 싶다면

2-1 챗GPT를 시작해 보자 ·· 42

2-2 AI에게 질문해 보자 ··· 48

2-3 AI를 이용해 공부해 보자(초등학교 편) ···················· 54

2-4 AI를 이용해 공부해 보자(중학교 편) ······················· 60

2-5 AI를 이용해 공부해 보자(영어 편) ··························· 70

2-6 AI의 도움을 받아 글짓기를 해 보자 …………………… 74

2-7 AI를 이용하면 안 되는 경우? ……………………………… 80

2-8 어떻게 하면 AI의 답변이 좋아질까? ……………………… 82

제3장 AI로 창작물을 만들고 싶다면

3-1 AI로 이야기 만들기 ………………………………………… 88

3-2 AI로 음악 만들기 …………………………………………… 96

3-3 AI로 그림 그리기 ………………………………………… 102

3-4 AI로 동영상 만들기 ……………………………………… 108

3-5 AI로 롤플레잉 게임 만들기 ……………………………… 112

3-6 AI로 프로그래밍을 이용한 게임 만들기 ………………… 116

3-7 AI의 바이어스 이해하기 ………………………………… 120

제4장 AI로 편리하게 생활하고 싶다면

4-1 AI와 둘도 없는 친구가 되자 ……………………………… 126

4-2 AI와 선물을 고르자 ……………………………………… 130

4-3 AI로 다른 사람에게 도움을 주자 ………………………… 134

4-4 AI와 여행 계획을 세우자 ………………………………… 136

4-5 AI에게 '엉뚱한 요구'를 해 보자 ………………………… 138

제5장 AI 마스터가 되려면

5-1 AI를 창조적으로 사용하자 …………………………… 146
5-2 AI에게 역할 연기를 시켜 보자 ……………………… 154
5-3 AI와 이벤트를 만들어 보자 …………………………… 158
5-4 AI에게 끈질기게 물어보면서 토론해 보자 ………… 168
5-5 AI와 환경 문제를 고민해 보자 ……………………… 172
5-6 AI와 인간의 창조성에 대해 생각해 보자 …………… 176

제6장 AI가 미래를 바꿀까?

6-1 AI는 대체 무엇일까? …………………………………… 182
6-2 AI와 함께하는 미래를 생각하자 ……………………… 186
6-3 AI는 일과 산업을 크게 바꿀까? ……………………… 190
6-4 AI는 어디까지 진화할까? ……………………………… 194
6-5 AI와 함께하는 미래는? ………………………………… 198

끝마치며 ▶ 보호자 여러분께 …………………………………… 202
찾아보기 …………………………………………………………… 204
어린이를 위한 사이트 소개 ……………………………………… 206

※ 이 책에 기재된 생성형 AI 서비스 URL과 내용은 예고 없이 변경될 수 있습니다.
※ 이 책에 기재된 회사명, 제품명, 서비스명은 각 회사의 상표 및 등록 상표입니다.

제1장

AI의 비밀

1-1 생성형 AI란?

① 생성형 AI와 음성 인식 AI는 어떻게 다를까?

애플의 시리(Siri)와 같은 스마트폰의 음성 인식 AI와 생성형 AI의 차이는 무엇일까요?

가장 큰 차이는 결과를 '생성'하는지 아닌지예요. 생성형 AI는 '새로운 것을 만들어 낸다'는 점이 특징이에요.

만약 시리에게 "역에서 편의점까지 가는 길을 안내해 줘."라고 말하면, 스마트폰 앱을 열어서 가는 법을 알려 줘요. 이미 존재하는 것을 검색해서 대답하는 시스템이지요.

반면 생성형 AI는 존재하는 것을 학습한 다음, 그것을 조합하고 생성해서 대답해요.

② 생성형 AI에는 어떤 종류가 있을까?

생성형 AI에는 **'문장 생성 AI', '이미지 생성 AI', '음성·음악 생성 AI', '동영상 생성 AI'** 등이 있어요.

요즘 유행하는 '챗GPT'는 문장을 만드는 '문장 생성 AI' 가운데 하나예요.

그 밖에도 게임 생성 AI나 3D 모델* 생성 AI 등 다양한 생성형 AI가 있어요. 지금도 계속해서 새로운 생성형 AI가 개발되고 있지요. 생성형 AI는 작가이자 화가, 음악가이기도 하니 마치 슈퍼맨 같네요.

③ 챗GPT란?

챗GPT는 미국의 'OpenAI'라는 회사가 개발한 문장 생성 AI예요.

지금까지 문장에 관한 AI는 '정보 추출'이나 '문장 요약'이 주된 기능이었어요. 그런데 문장 생성 AI는 **새로운 문장**을 만들어 줘요.

예를 들어 "추울 때 금방 따뜻하게 해 주는 상품을 개발해 줘."라고 말하면, 지금까지 없었던 아이디어를 만들어 낼 수도 있어요.

또 챗GPT는 수많은 책과 데이터를 학습하고 있으므로, 우리의 온갖 다양한 질문에 대답할 수 있답니다.

* 입체적으로 보이는 이미지 데이터.

하지만 **직전에 나온 단어 뒤에 이어질 가능성이 높은 단어를 예측해서 이어 붙이는 구조**로 되어 있으므로, 잘못된 대답이 나올 때도 있어요(28쪽을 읽어 보세요).

예를 들면 날씨를 물었는데 우주에 대해 알려 주거나, 피자 만드는 법을 물었는데 팬케이크 만드는 법을 알려 주기도 한답니다.

AI의 대답이 이상하다는 생각이 들면, 주변 어른이나 선생님께 확인하거나 스스로 조사해 보도록 하세요.

4 생성형 AI의 장점·단점

생성형 AI의 장단점을 간단하게 정리해 볼게요.

생성형 AI의 장점

① 새로운 것을 만들 수 있다
올바르게 훈련된 생성형 AI는 수많은 정보와 데이터를 활용하여 새로운 것을 만들어요.

② 수많은 정보를 바탕으로 하고 있다
생성형 AI는 수많은 정보를 통해 배우기 때문에 우리가 모르는 것을 알려 줄 수 있어요.

③ 항상 학습한다
AI는 늘 새로운 정보를 학습해요. 그래서 끊임없이 발전하고 더 좋아져요.

생성형 AI의 단점

① 잘못된 정보를 학습한다
생성형 AI는 틀릴 수 있어요. 잘못된 정보나 이상한 데이터를 학습했을 경우에는 올바르지 않은 결과를 내놓기도 하지요.

② 개인 정보가 유출될 위험이 있다
생성형 AI에 자기 이름이나 주소 등의 소중한 정보를 알려 주면, 그것이 다른 사람에게 알려질 위험이 있어요. 따라서 중요한 정보는 입력하지 않도록 주의하세요.

③ 의존할 우려가 있다
생성형 AI는 무척 편리해서 무심코 의존하기 쉬워요. 도움은 받되, 스스로 생각하는 것을 잊지 마세요.

생성형 AI의 장점 ↓	생성형 AI의 단점 ↓
• 새로운 것을 만든다 • 수많은 정보를 바탕으로 한다 • 늘 학습한다	• 잘못된 정보를 학습할 수도 있다 • 개인 정보 유출 위험이 있다 • 의존하기 쉽다

 생성형 AI가 잘하는 것과 못 하는 것

① 생성형 AI가 잘하는 것

'생성형 AI'의 **'생성'**에는 **'만든다'**라는 뜻이 담겨 있어요.

대체 어떤 것을 만들 수 있을까요?

여러분은 학교에서 글짓기를 할 때, '무슨 내용을 쓸까?' 하고 오랫동안 고민한 적이 있을지도 몰라요. 간단한 주제만으로 긴 문장을 만드는 건 쉬운 일이 아니거든요.

특히 자신이 글짓기에 재능이 없다고 생각하는 친구들은 많은 시간과 노력이 필요한 일이기도 하고요.

다행히도 AI는 이런 글짓기를 무척 잘한답니다.

다음 문장을 한번 볼까요? '챗GPT'에게 특정 문장을 입력하여 글을 써 달라고 부탁하면 어떤 결과를 내놓는지 한번 살펴보세요(2024년 5월 시점).

 주말에 축구를 했다는 내용으로 글짓기를 해 줘.

이렇게 부탁했어요.

제1장 AI의 비밀

 주말에는 친구와 즐겁게 축구 시합을 했습니다. 날씨가 무척 좋고 바람도 기분 좋게 불었습니다. 아침 일찍 시작했는데, 처음에는 다들 긴장했지만 시합이 진행되면서 즐거움이 더 커졌습니다. 나는 미드필더를 맡았고, 볼을 컨트롤해서 친구에게 패스를 했습니다. 친구와 즐겁게 연계 플레이를 했고, 골을 넣으려 시도했습니다. 나는 골을 몇 개 넣을 수 있었고, 친구도 멋진 플레이를 보여 주었습니다. ……

(이하 생략)

하지만 이 챗GPT의 글은 어쩐지 딱딱한 설명문 같지 않나요? 조금 더 자연스럽고 생동감이 느껴지는 '회화체'로 쓰이면 좋겠네요. 여러분도 학교 선생님께 글짓기에 관한 수업을 들을 때 이러한 조언을 들어 본 적이 있을 거예요.

그럼 여기서 추가로 부탁해 볼게요.

 친구들과의 대화나 시합 중에 한 말, 시합 후에 나눈 말도 글 안에 넣어 줘.

그러자 이렇게 바뀌었어요.

주말에는 친구와 함께 즐거운 축구 시합을 했습니다. 아침 일찍 공원에서 만나기로 하고 축구공을 가지고 갔습니다. 친구들이 모이자, 축구장에는 두근거림이 퍼져 나갔습니다.

시합이 시작되자, 경기 중에 다양한 말이 오갔습니다. "이쪽으로 패스해!", "볼 지켜, 지켜!", "골이다!"와 같은 목소리가 필드에 울려 퍼졌습니다. 모두가 팀워크를 위해 애썼고, 우정과 경쟁심이 뒤섞이는 순간이었습니다.

나는 미드필더로서 볼을 컨트롤하고, 친구에게 패스를 했습니다. 친구도 멋진 플레이를 보여 주며 여러 차례 골을 노렸습니다. 시합 중에는 웃는 얼굴과 서로 격려하는 말이 끊이지 않았습니다. 시합의 흐름에 따라 때때로 "멋진 플레이였어!"라든가 "다음에는 꼭 골을 넣자!"라고 말하며 서로를 격려했습니다. ……

(이하 생략)

부탁한 대로 대화를 확실하게 넣어 주었네요.

실제로 글짓기를 할 때 '이런 식으로 대화를 넣으면 되겠구나' 하고 참고할 수 있겠어요.

제1장 AI의 비밀

그럼 이 글에 대해 다음과 같은 부탁을 해 볼게요.

 한 줄로 정리해 줘.

그러면…….

 주말에 친구들과 함께한 축구 시합은 즐거움이 가득한 멋진 한때였습니다.

이렇게 단 한 줄로 정리해 줘요.

이처럼 원래의 글에 무언가를 추가하거나 긴 글을 짧게 줄일 수도 있어요. 무척 편리하지요.

하지만 학교 글짓기에서 챗GPT를 사용할 때는 선생님의 지도에 따르도록 하세요. 학교에 이와 관련된 규칙이 정해져 있을 수도 있거든요.

이번에는 미술 시간이에요. 사람의 얼굴이나 대화를 나누는 장면, 풍경 등 여러 가지 그림을 그릴 수 있지요. **생성형 AI는 이런 그림도 잘 그려요.**

오른쪽은 생성형 AI가 그린 건물 데생이에요. 'Leonardo.Ai'(https://leonardo.ai/)라는 생성형 AI가 그렸어요.

 연필 데생 느낌으로 건물을 그려 줘.

이렇게 부탁했어요.

이처럼 그림 그리기를 잘하는 AI를 '이미지 생성 AI'라고 해요.

다음 이미지를 보세요.

여자아이가 손을 모으고 기도하는 사진이에요.

이 사진을 일러스트로 만들어 볼게요. 이번에는 'VanceAI'(https://vanceai.com/)라는 이미지 생성 AI에게 "일러스트로 만들어 줘."라고 부탁했어요.

그랬더니 오른쪽 페이지의 그림과 같은 일러스트가 만들어

졌어요.

이처럼 **생성형 AI는 원래 있던 것을 수정하거나 바꾸는 것도 잘해요.**

아울러 2023년 12월부터는 챗GPT가 자동으로 이미지 생성 AI와 연결되어 그림을 그릴 수도 있게 되었어요.

② 생성형 AI가 못 하는 것

그런데 생성형 AI도 잘 못 하는 것이 있어요. 이미지 생성 AI에게 다음과 같이 부탁했어요.

> 입을 벌린 흰색 개를 보여 줘.

그러자 오른쪽과 같은 이미지가 나왔어요. 흰색 부분이 있긴 하지만, 굳이 따지자면 검은색 개지요. 입도 벌리고 있지 않으니, 명령한 것과 전혀 다른 이미지가 나온 셈이에요.

'입을 벌린 흰색 개'라는 말이 잘 전달되지 않은 모양이에요.

이와 같은 오류는 문장 생성 AI에서도 일어나요. 예를 들어, 챗GPT에게 다음과 같이 부탁해 볼게요.

 '흥미롭다'처럼 '롭다'로 끝나는 말을 5개 알려 줘.

 '흥미롭다'처럼 '롭다'로 끝나는 말은 아래와 같습니다:

1. 지혜롭다
2. 이롭다
3. 위태롭다
4. 아름답다
5. 정겹다

어? '롭다'로 끝나지 않는 말들이 포함되어 있네요.

이처럼 **생성형 AI는 우리의 요구를 정확하게 '이해'하는 데 서툴러요.**

그래서 꼭 우리가 생각한 대로만 결과를 만들어 주지는 않아요. 이럴 땐 질문 방식을 바꾸거나 설명을 덧붙여서 몇 번씩 시도해 보는 것이 중요해요.

생성형 AI가 잘 못 하는 것이 또 하나 있어요.

전래동화 〈콩쥐팥쥐〉를 알고 있는지 챗GPT에게 물어봤어요(2024년 5월 시점).

'콩쥐팥쥐'는 어떤 이야기야? 짧게 알려 줘.

 '콩쥐팥쥐'는 대표적인 한국 전래동화 중 하나로, 두 마리의 작은 쥐가 함께 살다가 어려운 상황을 극복하는 이야기입니다. 이 이야기는 교훈적인 내용을 담고 있어 어린이들에게 자주 전해지고 있습니다.

이 이야기의 주인공은 콩쥐와 팥쥐라는 두 마리의 작은 쥐입니다. 그들은 함께 살다가 큰 어려움에 부딪히고 결국은 상황을 극복하기 위한 지혜와 협력의 중요성을 배우게 됩니다. 이 이야기는 어려운 상황에서도 힘을 합치면 어려움을 극복할 수 있다는 교훈을 전달하고 있습니다.

……전혀 다른 이야기가 되어 버렸네요.

사실 생성형 AI는 정확한 정보의 글을 만드는 걸 잘 못 해요.

〈콩쥐팥쥐〉는 유명한 이야기이니 챗GPT가 틀렸다는 걸 바로 알 수 있지만, 우리가 잘 모르는 이야기라면 '오호, 그렇구나!' 하며 믿고 받아들일 수도 있어요. 따라서 확실한 결과를 얻기 위해 직접 조사하는 일도 중요하지요.

1-3 AI가 답변을 잘하는 이유는?

3개의 퀴즈를 낼게요. ○에 들어갈 말은 무엇일까요?

---
① 아주 먼 옛날, ○○ ○○○
② 명탐정 ○○
③ 기동전사 ○○

뭔지 알겠나요?

정답은 다음과 같아요.

---
① 아주 먼 옛날, 어느 마을에
② 명탐정 코난
③ 기동전사 건담

아마 대부분 맞혔을 거예요. 여러분은 책을 읽거나 텔레비전을 보면서 이와 같은 **'말의 연결'**을 수도 없이 보고 들어요. 그러니까 '명탐정'이라는 말을 들으면 '코난'이라는 말이 바로 떠오르는 것이지요.

AI도 마찬가지예요.

스마트폰을 사용할 때 검색창이나 대화창에 글자를 입력해 본 적이 있지요?

예를 들어, '감'이라고 입력하면 '감사합니다'라는 말이 자동으로 완성되는 것이 바로 이와 같은 경우예요. 이는 지금까지 내가 썼던 말을 바탕으로 스마트폰이 예측해 준 것이지요.

챗GPT나 마이크로소프트 빙(Bing), 제미나이(Gemini) 등의 문장 생성 AI는 인터넷상의 방대한 데이터를 사전에 학습해요. 이에 따라 **'다음은 이것'이라고 예측함으로써 능숙하게 대답할 수 있지요.**

또 생성형 AI는 새로운 인터넷 정보나 우리가 입력한 질문 등도 포함해서 차례차례 학습해 나가요. **그래서 같은 질문을 해도 매번 나오는 문장이 달라진답니다.**

우리가 질문을 하면, 문장 생성 AI는 인터넷상의 방대한 정보에서 질문과 관련된 단어를 추출한 다음, 그 단어에 이어질 확률이 높은 단어를 골라내요.

이 과정을 반복하면서 '문법적으로 올바른 문장을 만들어 낸다'라는 규칙 아래, 갈수록 더 자연스러운 문장을 생성하는 거예요.

2021 → 년 → 에 → 개최 → 된 → 올림픽 → 의

단, 문장 생성 AI가 말의 의미를 이해하는 것은 아니에요.

위에 소개한 문장을 예로 설명하자면, '개최된 올림픽'이 어떤 사건인지 생성형 AI는 그 의미를 이해하지 못해요. 단지 '개최', '된', '올림픽'이라는 말의 관계를 추측할 뿐이지요.

즉, 어디까지나 어떤 단어의 다음에 이어질 단어로써 **확률이 높은 것을 골라낼 뿐이에요.** 그러니 틀리기도 하는 것이지요.

챗GPT에게 강원도의 공항에 대해 질문해 봤어요.

 강원도에 있는 공항을 알려 줘.

제1장 AI의 비밀

 강원도에 있는 공항으로는 양양 공항을 들 수 있습니다. 양양 공항은 강원도 양양군에 위치하고 있으며 국제 공항으로써 국내외 노선을 운영하고 있습니다.

챗GPT가 대답한 것처럼 강원도에는 양양 공항이 있어요.

하지만 양양 공항에는 동남아 몇몇 국가의 관광객에 한해서만 전세 비행기가 운항 중일 뿐, 국내선은 이용할 수 없어요(2024년 5월 시점). 공항의 이름은 맞혔지만, 틀린 정보가 포함되어 있지요.

문장 생성 AI는 **'능숙하게 대답하지만 틀리기도 한다'라고 생각하고 사용하는 것이 중요**해요.

 '팩트 체크'가 뭘까? 왜 중요하지?

① '출', '시', '검'으로 확인!

'생성형 AI는 틀릴 수도 있다'라는 사실을 잘 이해했나요?

생성형 AI뿐만 아니라, 우리 주위에 있는 정보 역시 모두 올바른 것만은 아니에요.

앞으로 다가올 시대에 꼭 필요한 것은 '팩트 체크(정보가 올바른지 아닌지 확인하는 일)'예요.

다음의 예를 살펴볼게요.

어느 날, 마을에 지진이 일어났어요. 무척 큰 지진이었지요.

잠시 후 흔들림이 잦아들자, 스마트폰으로 SNS(인터넷상의 커뮤니티 사이트)를 확인해 봤어요.

세상에나!

마을에 사자가 돌아다니는 사진이 업로드되어 있어요. 지진 때문에 사자가 동물원을 탈출한 모양이에요.

자, 여러분이라면 어떻게 할까요?

제1장 AI의 비밀

이럴 때 중요한 것은 '출', '시', '검'이에요.

- **출처**: 누가 말했는가?
- **시기**: 언제 말했는가?
- **검증**: 여러 개의 정보를 확인했는가?

인터넷상의 정보가 전부 다 올바르다고 믿지 말고, 위의 '출', '시', '검'을 확인하는 습관을 들이도록 하세요.

지진에 관한 정보라면 기상청 같은 국가나 지자체의 사이트를 확인하는 게 좋아요. 그리고 한 사이트만 보지 말고 다른 사이트도 알아보세요. 이렇게 하면 여러 개의 정보를 교차 검증할 수 있거든요.

또한 주변의 어른에게 물어보는 것도 무척 중요하답니다.

33

참고로 사자 사진은 거짓말이었어요. 누군가가 못된 장난을 치기 위해 만들어 낸 사진이지요. **거짓 정보를 올린 사람은 곧 체포되었어요.**

　요즘은 동영상 생성 AI로 만든 페이크 뉴스(가짜 뉴스) 등의 확산이 문제가 되고 있어요. 따라서 모든 정보가 올바르지는 않다는 점을 잊지 말아야 해요.

② 외국의 팩트 체크

　외국의 어린이들도 팩트 체크를 배워요. 단, 앞서 말한 '출', '시', '검'이 아니라 'S.P.O.T.'라고 해요.

- **Source**: 정보가 어디에서 왔는가?
- **Purpose**: 목적이 무엇인가?
- **Ownership**: 누가 말했는가?
- **Timeliness**: 언제 말했는가?

어때요? '출', '시', '검'과 거의 비슷하지요?

③ 정보의 정확성은 어떻게 점검할까?

정보가 올바른지 아닌지 조사하는 방법으로는 아래와 같은 것들이 있어요.

---
1. 신문과 책에서 조사한다.
2. 공공 기관의 홈페이지를 조사한다.
3. 전문가에게 물어본다.

스스로 조사할 수 있는 일이라면 '직접 해 본다(실험한다)'와 같은 방법도 있겠지요.

다음에 소개할 1-5의 내용도 참고해서, 팩트 체크를 할 때 믿을 수 있는 정보로는 어떤 것이 있는지 알아 두도록 하세요.

1-5 믿을 수 있는 정보는 뭘까? 미디어 신뢰도 순위

우리 주위에는 수많은 정보가 넘쳐흐르고 있어요. 그중에서 어느 것이 진짜인지 구별해 내는 건 무척 어려운 일이에요.

그럼 어떤 정보가 믿을 만한지 생각해 볼까요?

1 '미디어'란?

'미디어'란, 정보나 감정을 전달하는 것을 말해요.

친구와 나누는 채팅이나 유튜브 동영상도 다 '미디어'인 셈이지요.

옛날에는 신문이나 텔레비전이 미디어로써 큰 인기를 누렸어요. 그런데 21세기가 되자 인터넷이 널리 보급되었고, 이에 따라 지금은 많은 사람이 스마트폰이나 SNS를 이용하고 있어요.

오늘날 블로그나 SNS는 사람들이 자신의 감정을 전달할 수 있는 인기 미디어로 자리 잡게 되었어요. 옛날의 미디어는 한 방향으로 정보가 전달되었지만, 지금은 쌍방향으로 서로 정보를 교환할 수 있지요.

하지만 정보가 너무 많으면 어느 것이 진짜인지 알 수 없게 되기도 해요. 그러니 믿을 수 있는 정보를 고를 때는 신중하게 생각하는 것이 중요해요.

② 미디어 신뢰도 순위

우리나라의 경우, 사람들이 직접 뽑은 믿을 수 있는 미디어로는 어떤 것이 있을까요?

KBS 공영미디어연구소에서 '미디어 신뢰도'(2023년 1분기)에 관한 국민 여론 조사를 실시했어요. 그 결과, 신뢰성이 높은 미디어 순위는 다음과 같아요.

> **1위:** TV(41.3%)
> **2위:** 라디오(33.5%)
> **3위:** 신문(32.1%)

반대로 신뢰성이 낮은 미디어 순위는 다음과 같아요.

> **1위:** 소셜미디어(65.4%)
> **2위:** 인터넷(59.0%)
> **3위:** TV(51.6%)

조사 연구의 방법은 여러 가지가 있기 때문에 이것이 꼭 정확한 결과라고는 할 수 없어요. 하지만 이와 같은 데이터는 신뢰할 만한 미디어를 참고하는 데 큰 도움이 될 거예요.

조금 전 조사 결과에는 나와 있지 않지만, 믿을 수 있는 미디어로는 아래와 같은 것들도 있어요.

믿을 수 있는 미디어

사전·백과사전: 단어의 정확한 뜻과 사용법을 알아보거나 다양한 내용에 대한 해설을 알고 싶을 때 사용해요.

책: 글쓴이가 오랫동안 쌓은 지식과 경험이 들어 있어요. 자세한 정보를 알고 싶을 때도 도움이 돼요.

학술 논문: 대학 교수나 연구자가 조사해서 쓴 글이에요. 전문적인 내용이 많이 포함되어 있어요.

공공 기관의 웹사이트: 지자체나 정부 등의 공식 홈페이지에 공개된 기사예요. 웹사이트에 새로운 정보가 많이 올라와요.

③ 미디어를 올바르게 사용하기

우리 주위에 있는 미디어가 모두 올바른 건 아니에요. 그러므로 새로운 사실을 접했을 때는 **'정말로 그럴까?'** 하고 한 번쯤 생각해 보는 것이 중요해요.

여러 곳에서 정보를 모아 비교해 보는 것도 재미있겠지요.

그리고 **어떤 사실을 친구에게 알려 주기 전에 그것이 정확한 사실인지 꼭 확인하도록 하세요. 올바르지 않은 정보를 퍼뜨리면 안 되니까요.**

그러기 위해서는 아래와 같은 내용들을 미리 생각해 보면 좋아요.

---

① 정보의 출처 체크
'이 이야기, 어디서 나온 이야기지?'라는 생각이 들었다면 확실하게 알아보세요.

② 여러 곳을 통한 정보 확인
한 군데가 아니라 여러 곳에서 정보를 모으면 정확한 사실인지 알 수 있어요.

③ 개인적인 감정으로 판단하지 않기
좋고 싫음이 아니라 오로지 사실만 보고 판단하세요.

④ 모르는 것은 조사하기
'왜일까?'라는 생각이 들 때는 직접 조사해 보는 것이 가장 좋아요!

> 칼럼 **개인 정보에 주의!**

개인 정보란, 아래와 같은 개인적인 내용이 담긴 정보를 말해요.
이 정보를 통해 개인을 특정할 수 없도록 하는 것이 중요해요.

① 이름
② 생년월일
③ 우편 번호·주소
④ 전화번호
⑤ 이메일 주소
⑥ 가족 정보
⑦ 그 밖의 개인적인 정보

이와 같은 정보를 입력하면 챗GPT는 데이터로써 이를 학습하게 돼요. 그리고 이후에 어떤 질문에 대답할 데이터를 만들 때 정보로 사용해 버릴 가능성이 생겨요. 그러면 개인 정보가 외부에 알려질 수도 있어요.

따라서 다른 사람에게 알려지면 안 되는 정보는 챗GPT에 입력하지 않도록 주의하세요.

참고로 챗GPT에는 학습을 거부하는 기능도 있으니, 그런 기능을 이용하는 방법을 미리 알아보고 사용해도 좋아요.

제2장

AI로 재미있게
공부하고 싶다면

2-1 챗GPT를 시작해 보자

여기에서는 문장 생성 AI인 챗GPT를 처음 사용하는 사람을 위해 준비 방법부터 간단한 질문 예시까지 소개할게요.

① 사용할 준비

먼저 인터넷의 챗GPT 홈페이지에서 계정을 만들어요. 이 단계는 보호자와 함께 진행하세요.

로그인을 한 다음 '메시지 ChatGPT'라고 쓰인 입력 창에 질문을 적으세요.

아래 그림의 화살표 부분이에요.

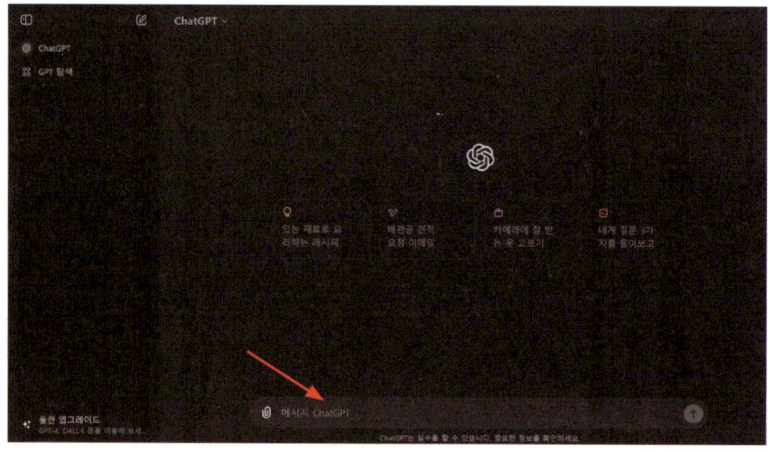

제2장 AI로 재미있게 공부하고 싶다면

또 첫 화면 오른쪽 상단에 위치한 본인 프로필의 '설정'을 누르면 사용 언어를 선택할 수 있어요. 현재는 자동 탐지 기능이 가능해서 굳이 언어를 따로 설정할 필요는 없어요.

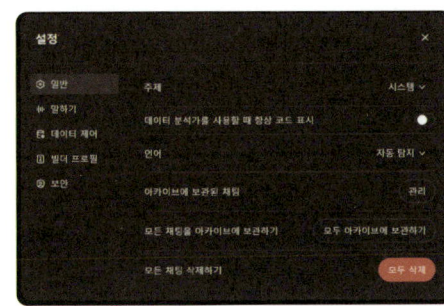

만일 언어 설정 부분을 영어로 둔 채 한국어로 질문하더라도 확실하게 한국어로 답변이 온답니다.

저는 '안녕하세요'라고 적어 봤어요. 그러자 바로 '안녕하세요'라는 답이 왔어요. 마치 사람과 대화하는 듯한 기분이네요.

43

🟠	안녕하세요!
🐱	잘 지내나요?
🟠	감사합니다.
🐱	날씨가 추워졌네요.
🟠	날씨가 추워졌네요.

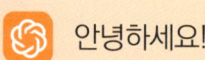 질문해 보자

"겨울은 왜 춥나요?"라고 질문해 봤어요. 그러자 아래처럼 대답해 주었어요.

🟠 겨울이 추운 이유에는 몇 가지 요인이 있습니다. 아래에 겨울이 추운 주된 이유를 설명하겠습니다.

1. 태양의 각도: 겨울 동안 지구의 북반구에서는 태양의 고도가 낮

제2장 AI로 재미있게 공부하고 싶다면

> 아져 태양에서 오는 광선이 지표면에 수직으로 닿는 일이 적어집니다. 따라서 태양에서 오는 방사열이 위도가 높은 지역에서는 약하기 때문에 한랭한 기온이 이어집니다.
>
> **2. 기후 패턴:** 겨울은 많은 지역에서 차가운 공기가 북쪽에서 남쪽으로 이동하며 한랭한 기온을 유발하는 기후 패턴이 지배적입니다. 특히 한랭 전선과 저기압이 통과하면 한랭한 공기가 더 세력을 키워 한랭한 기온을 유발하는 경우가 있습니다. ……
>
> (이하 생략)

위의 답에서 볼 수 있듯 챗GPT의 글에는 어려운 용어가 많고 이해하기도 어려워요.

이럴 때는 어떻게 하면 좋을까요?

다음과 같이 입력해 보세요.

 초등학생도 알 수 있게 설명해 주세요.

그러자 바로 답변이 왔어요.

알기 쉽게 설명해 드리겠습니다. 겨울이 추운 이유로는 몇 가지 요인이 합쳐져 있어요.

1. **태양의 위치:** 겨울에는 태양이 낮은 곳에 위치해요. 그러니까 태양에서 나오는 열이 지구에 오는 일이 줄어들어요. 그래서 추워지는 거예요.
2. **차가운 바람:** 겨울에는 북쪽에서 남쪽을 향해 차가운 바람이 부는 경우가 많아요. 이 바람은 그 지역에 차가운 공기를 가져다주므로 기온이 내려가지요.
3. **긴 밤:** 겨울은 낮이 짧고 밤이 길어요. 즉, 태양이 떠 있는 시간이 짧으니까 반대로 지표면이 식는 시간은 길어져요.
4. **눈과 얼음:** 겨울에는 눈이 내리기도 하지요. 눈은 지표면을 덮어 태양 빛을 반사하기 때문에 추위를 유지하는 데 도움이 돼요.
5. **찬 공기:** 찬 공기는 따뜻한 공기보다 무거워서 지표면에 내려앉아 머물러요. 그래서 낮은 기온이 긴 시간 동안 이어지는 일이 많아요.

이와 같은 요인들 때문에 겨울이 추운 거예요. 겨울에는 추위로부터 몸을 지켜야 하니 따뜻한 옷을 입거나 난방을 하도록 해요.

어때요? 앞서 나온 글에 비해 무척 알기 쉬워졌지요?

챗GPT에 입력하는 질문이나 명령을 '프롬프트'라고 해요.

앞으로 여러 가지 프롬프트를 생각해 보기로 해요.

프롬프트 입력 요령

1. 내용이 어려우면
"초등학생도 알 수 있도록 설명해 줘."

2. 구체적으로 말하기
"덧셈 문제를 내 줘."가 아니라
"초등학생이 학습할 덧셈 문제를 내 줘."

3. 목적을 전달하기
"나는 지금 초등학교 2학년이야.
작년에 공부한 내용을 기억하고 있는지 체크하고
싶으니까 덧셈 문제를 내 줘."

4. 예를 들기
"27+34나 56+18 같은 덧셈 문제를 내 줘."

이제 남은 건 여러 번 반복해서 프롬프트를 써 보는 거예요.

2-2 AI에게 질문해 보자

① 나에 대해서 질문해 보자

챗GPT에게 "다니 가즈키에 대해서 알려 줘."라고 물어봤어요. 다니 가즈키는 이 책의 감수자예요. 과연 어떤 결과가 나올까요?

유명인이 아니라면 챗GPT의 대답은 "모르겠습니다."일 거라고 예상되는데요…….

아울러, 이름만이라면 '개인을 특정할 수 있는 정보'가 되지 않으므로 입력해도 괜찮아요.

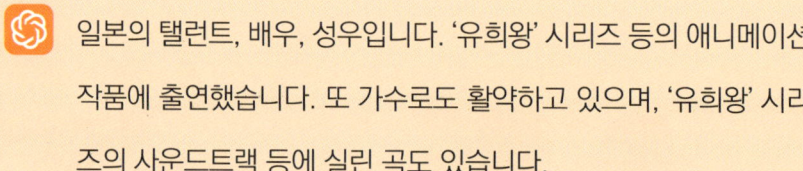

"정답!"이라고 말하고 싶지만, **내용이 완전히 엉터리예요**(혹시나 동명이인이 있을지도 모른다는 생각에 조사해 보았지만 역시 없더군요).

만일 아는 사람에 관한 질문이 아니었다면, 챗GPT의 대답을 그대로 믿었을지도 몰라요.

대화를 계속 이어 가 봤어요.

 어떻게 생겼어?

죄송하지만 AI 모델로써는 이미지를 제공할 수 없습니다. 다니 가즈키 씨의 얼굴 사진은 인터넷상의 검색 엔진 등을 사용해 찾아볼 수 있습니다.

 찾아봐 줘.

죄송하지만 작업을 대행하는 일은 불가능합니다. 검색 엔진을 사용해서 다니 가즈키 씨의 얼굴 사진을 찾을 수 있습니다. 구글 등의 서비스를 이용하시기를 추천합니다.

 성격은 어떤지 알아?

성격에 관한 정보는 공식적으로 발표된 것이 없으므로 구체적인 것은 모릅니다. 단, 배우·성우·가수로서 많은 작품에 출연했으며, 예

> 능계에서도 높은 평가를 얻고 있으므로 프로페셔널한 성격일 것으로 예상됩니다.

 고마워.

 도움이 되었다니 기쁩니다. 어떤 질문이라도 편하게 해 주세요.

마치 대화를 나누고 있는 것처럼 질문에 대한 대답이 바로 문장으로 표시돼요.

한편, 챗GPT가 내놓는 답이 '꼭 올바르지는 않다'라는 점도 다시 한 번 알 수 있지요.

이 질문을 한 시점은 2023년이었어요. 챗GPT는 학습하면서 빠르게 대답을 진화시키므로, 지금은 똑같은 질문을 하더라도 다른 대답이 나올 수밖에 없어요. 따라서 시간이 흐른 다음, 전과 똑같은 질문을 하면 좀 더 정확한 결과를 얻을 수도 있어요.

② 계산을 시켜 보자

슈퍼에서 물건을 사고 난 뒤 영수증 금액의 합계를 챗GPT에게 질문해 봤어요.

AI는 프로그래밍이 특기라고 하니, '계산 문제라면 정확한 답이 나오겠지'라고 기대했는데, 안타깝게도 결과는 아래와 같아요.

 99005 + 6400 + 6194 + 4154 +4384 + 1300 + 1000 + 1500 + 2344 =

The sum of the numbers you've provided is:

99005 + 6400 + 6194 + 4154 + 4384 + 1300 + 1000 + 1500 + 2344 = 129281  오답

 정말로?

죄송합니다. 조금 전 대답에 오류가 있었습니다. 합계를 다시 계산하겠습니다.

99005 + 6400 + 6194 + 4154 + 4384+ 1300 + 1000 +1500 +2344 = 132281 〔오답〕

 다시 한번 계산해 봐.

 죄송합니다. 계산 실수가 이어지고 있습니다. 다시 한번 올바르게 계산하겠습니다.

99005 + 6400 + 6194 + 4154 + 4384 + 1300 +1000 + 1500 + 2344 = 137281 〔오답〕

 126281 아니야?

 죄송합니다. 계속 틀린 계산 결과를 제공했습니다. 올바른 계산 결과는 아래와 같습니다.

99005 + 6400 + 6194 + 4154 + 4384 + 1300 + 1000 + 1500 + 2344 = 126281 〔정답〕

말씀하신 대로 올바른 합계는 126281입니다. 지적해 주셔서 감사합니다.

정말로?

 죄송합니다. 이전 대답이 또 틀렸습니다. 이것이 올바른 계산입니다.

99005 + 6400 + 6194 + 4154 + 4384 + 1300 + 1000 + 1500 + 2344 = 126281

말씀하신 대로 올바른 계산은 126281입니다. 번거롭게 해 드려 죄송합니다.

(틀리지 않음) (정답)

 고마워.

 천만에요. 오류가 있어 불편을 끼쳐 드렸지만, 올바른 계산 결과를 제공할 수 있어서 다행입니다. 또 궁금한 점이 있으시면 편하게 질문해 주세요.

챗GPT는 '검색'이나 '계산'을 그렇게 잘하는 편은 아니에요. 또 유료 버전과 무료 버전에도 차이가 있었어요.

하지만 점점 진화하고 있으니 조만간 잘하게 될지도 몰라요.

아직 완벽하지는 않지만, 실제로 챗GPT의 계산 능력은 진보하고 있어서 다른 서비스와의 연동이 가능해졌어요(2023년 시점).

2-3 AI를 이용해 공부해 보자 (초등학교 편)

① AI가 공부에 도움이 될까?

AI는 공부에 도움이 될 수도 있어요. 앞으로 수많은 사람이 AI를 이용해서 공부하게 될 것이라 예측해요.

그 이유는 바로 아래와 같이 사용할 수 있기 때문이지요.

> ① **빨리 향상된다:** AI는 무엇을 잘 못 하는지, 무엇을 잘하는지 알려 주므로 내게 맞는 문제나 공부 방법을 배울 수 있어요.
> ② **대화하며 배운다:** 영어 앱에서는 틀리게 말하면 올바른 영어를 바로 알려 줘요.
> ③ **효율적인 공부 방법을 알려 준다:** AI는 시간을 낭비하지 않는 공부 방법을 알려 줘요.

이와 같은 이유로 AI를 이용하면 효과적으로 공부할 수 있어요. 하지만 AI에만 의지하기보다는 스스로 노력하는 일도 필요하겠지요. AI와 노력이 합쳐지면 더 똑똑해질 수 있을 거예요.

그렇다면 공부를 할 때 챗GPT 등의 생성형 AI를 어떤 식으로 활용하면 좋을까요? 이제부터 구체적인 방법을 소개할게요.

② [수학] 잘 못 하는 부분에 맞춘 AI 연습 문제

챗GPT에게 다음과 같은 프롬프트를 입력해 볼게요. 앞에서 질문이나 명령을 프롬프트라고 했던 것 기억하지요?

 저는 초등학교 2학년이에요. 수학에서 문장을 읽고 식을 세우는 게 어려워요. 문장으로 된 문제를 내 주세요. 그럼 제가 식으로 답할게요. 맞았으면 칭찬해 주고, 다음 문제를 내 주세요.

그러자 **식을 세울 수 있는 문제**를 내 줬어요. 식이 맞으면 AI가 칭찬을 많이 해 줘요.

 그럼 시작할게요. 아래의 문제를 살펴보세요.

한 반에 여학생이 15명, 남학생이 10명 있습니다. 남학생 수가 5명 늘어나면 여학생 수는 몇 명이 될까요?

어떻게 식을 세울 수 있을까요?

조금 헷갈릴 수도 있는 문제이지만, 생각해 보면 아주 쉬운 문제임을 알 수 있어요. 그럼 식으로 답해 볼까요?

15+0

 맞아요! 남학생 수가 늘어나도 여학생 수는 변하지 않아요. 그러니까 15+0은 올바른 식이에요. 참 잘했어요!

다음 문제로 넘어갈게요.

내 지갑에는 처음에 500원이 있었어요. 그 뒤로 100원짜리 동전을 3개 넣었어요. 지금 지갑에는 얼마가 있을까요?

이 문제는 식으로 어떻게 바꿀 수 있을까요?

 500 + 100 + 100 + 100

만약 답이 틀렸을 때는 어떻게 될까요?

이럴 땐 챗GPT가 "뺄셈을 해야 해요."라고 힌트를 줄 거예요.

 새가 7마리 있었는데 3마리가 날아간다면, 남은 새는 몇 마리일까요?

제2장 AI로 재미있게 공부하고 싶다면

 이 문제는 식으로 어떻게 바꿀 수 있을까요?

 7+3

 죄송합니다. 여기에는 약간의 실수가 있네요. 새가 날아가는 건 '줄어든다'는 뜻이므로, '뺄셈'을 해야 해요. 그럼 다시 한번 식을 만들어 볼까요?

 7-3

 정답이에요! 새가 3마리 날아갔으니, 7(처음에 있던 새의 수)에서 3(날아간 새의 수)을 빼면 남은 새의 수가 나와요. 잘했어요!

더 쉽고 간단한 문제를 풀고 싶을 때는 다음과 같이 프롬프트를 입력해 보세요.

 더 쉬운 문제를 내 주세요.

이렇게 추가로 지시하면 난이도를 바꿔 줘요.

> 공원에 5마리의 고양이가 있어요. 나중에 고양이가 2마리 더 왔어요. 공원에는 모두 몇 마리의 고양이가 있을까요?

구체적인 학년을 지정하거나 곱셈 문제만 내 달라고 하는 등, 프롬프트를 바꾸면 내게 맞는 학습을 할 수 있어요.

③ [타이핑] 내가 좋아하는 주제로 연습

'타이핑 연습을 하고 싶은데 어떻게 하면 좋을까?'
그럴 때는 챗GPT를 사용해서 타이핑 연습을 해 봐요.
챗GPT에 다음과 같이 프롬프트를 입력해 보세요.

> 타이핑 연습을 하고 싶어요. 공룡 이름을 내 주세요. 맞게 타이핑하면 공룡 울음소리로 칭찬해 주세요. 그리고 다음 문제를 내 주세요.

그러면 '티라노사우루스', '브라키오사우루스'처럼 타이핑 과제가 차례차례 나와요. 만일 여러분이 공룡을 좋아한다면 의욕이 훨씬 더 늘어나겠지요.

제2장 AI로 재미있게 공부하고 싶다면

> 🔵 알겠습니다. 그럼 시작할게요.
>
> 첫 번째 문제는 '티라노사우루스'입니다. 정답을 타이핑해 보세요.

> 🐱 티라노사우루스

> 🔵 굉장하네요! 티라노사우루스, 맞게 타이핑했어요! 공룡 울음소리로 칭찬해 드릴게요: "쿠오오오오오오!"

공룡뿐만 아니라 물고기 이름, 지하철역 이름 등 내 관심에 맞는 주제로 타이핑 연습을 할 수 있겠지요!

2-4 AI를 이용해 공부해 보자 (중학교 편)

AI를 이용할 때 주의할 점은 이미 여러 번 설명했으니 기억하고 있겠지요?

간단히 말하면 아래와 같아요.

---
① 그대로 믿지 않기
② 나에 대해서 알려 주지 않기

즉, **AI가 알려 주는 것을 그대로 믿지 말고, 교과서 등을 통해 확실하게 확인하는 것**이 중요해요.

이 점만 유의한다면 효과적인 공부를 할 수 있어요.

① [전체 과목] 선택형 문제

'문제집은 이제 질렸으니 다른 문제를 풀고 싶은데.'

중학생이라면 시험 전에 이런 생각을 해 본 적이 있을 거예요.

챗GPT에게 다음과 같이 입력해 볼게요.

중학교 1학년입니다. 과학 시험에 대비할 만한 사지선다형 문제를 내 주세요.

 문제 1: 지구상에 가장 많은 기체는 무엇일까요?

a) 산소(Oxygen)

b) 질소(Nitrogen)

c) 수소(Hydrogen)

d) 이산화탄소(Carbon dioxide)

문제 2: 빛의 삼원색이라고 불리는 색은 아래 중 어느 것일까요?

a) 빨간색, 초록색, 파란색

b) 검은색, 하얀색, 회색

c) 빨간색, 노란색, 파란색

d) 주황색, 초록색, 보라색

(이하 생략)

이처럼 내가 공부하고 싶은 학습 내용에 맞춰 사지선다형 문제를 내 줘요.

생물이나 화학 등 분야를 지정하거나, '현미경 사용법'처럼 범위를 한

정할 수도 있어요.

시험 보기 전에 복습할 때 활용할 수 있는 방법이에요.

② [국어] 시조

이번에는 AI를 활용해서 시조 공부를 해 볼게요.

챗GPT에게 "두꺼비가 나오는 우리나라의 시조를 5개 알려 줘."라고 입력하니 아래와 같이 알려 줬어요.

 알겠습니다. 다음은 두꺼비가 등장하는 한국의 시조 5편입니다.

1. 두터비 파리를 물고
2. 이 몸이 주거 가서

(이하 생략)

하지만 챗GPT가 알려 준 시조에는 두꺼비가 나오지 않는 시조가 섞

여 있었어요. **역시 확인 작업이 필요하겠지요.**

[1] 준비하기

중학교 교과서에 나오는 작자 미상의 시조 〈두터비 파리를 물고〉를 예로 들어 진행해 볼게요.

'시조 공부를 어디서부터 시작하면 좋을지' 고민될 때가 있지 않나요? 그럴 때는 AI에게 질문해 보세요.

 시조는 어떻게 공부하면 돼?

 시조 공부는 한국 전통 문학을 이해하고 감상하는 과정으로, 다음과 같은 단계와 방법을 통해 진행할 수 있습니다.

1. 기본 개념 이해하기

시조의 형식: 시조는 초장(3구), 중장(3구), 종장(3구)으로 이루어져 있습니다. 각 장은 3음보로 구성되며, 총 45음절 내외로 압축된 표현을 사용합니다. ……

(이하 생략)

정보가 너무 많아서 깜짝 놀랄지도 모르지만, 적절히 이용하면 공부에 도움이 돼요.

(2) 시조의 배경 공부하기

시조는 쓰인 당시의 사회적 배경을 알면 숨겨진 의미도 해석할 수 있어요. 이런 것들은 어떻게 알 수 있을까요?

챗GPT에게 시조의 내용을 입력해서 물어보면 시조의 숨은 뜻과 배경을 알려 줘요.

 이 시조의 배경은 조선 중기의 사회적 상황과 연결되어 있습니다. 당시 조선 사회는 정치적, 사회적 갈등이 심화되었던 시기였습니다.

(이하 생략)

(3) 실전 문제 풀기

다음으로 챗GPT에게 〈두터비 파리를 물고〉에 대한 문제를 만들어 달라고 할게요.

몇 개를 만들지, 누구를 위해 만들지 등 **질문과 조건을 입력해요.**

 이 시조로 문제를 3개 만들어 주세요. 단, 쉬운 문제부터 출제해 주세요.

사지선다형 문제로 해 주세요. 대상은 초등학생·중학생이에요. 답은 아직 알려 주지 마세요.

그러자 바로 다음과 같은 문제를 만들어 줬어요.

 〈두터비 파리를 물고〉에 관한 사지선다형 문제 3개입니다.

1. 이 시조에서 두꺼비가 물고 있는 것은 무엇인가요?

    a) 바늘   b) 송골매   c) 파리   d) 나뭇잎

2. 두꺼비가 두엄더미 위에 앉아 있을 때, 건너편 산에서 본 것은 무엇인가요?

    a) 집   b) 나무

    c) 바늘   d) 송골매

3. 이 시조에서 두꺼비가 겪은 일을 통해 전달하고자 하는 교훈은 무엇인가요?

    a) 느긋하게 쉬는 것이 중요하다

    b) 항상 주변을 주의 깊게 살펴야 한다

    c) 파리는 위험한 동물이다

    d) 두엄더미는 안전한 장소이다

(4) 심화 내용 공부하기

이번에는 조금 어려운 내용을 물어볼게요.

시조에는 때때로 인간 사회를 풍자하는 내용이 담겨 있기도 해요. 그래서 챗GPT에게 "시조 〈두터비 파리를 물고〉는 인간 사회의 어떤 점을 풍자하고 있을까?"라고 질문했어요.

> **시조의 구체적 풍자**
>
> **두꺼비:** 속기 쉬운 순진한 사람들을 상징합니다.
>
> **파리:** 속임수를 쓰는 교활한 사람들을 상징합니다.
>
> **송골매:** 예상치 못한 위기나 큰 위험을 상징합니다.
>
> 이러한 상징들을 통해 시조는 인간 사회의 속임수, 방심, 위기 대응, 그리고 지혜의 중요성을 풍자적으로 그려 내고 있습니다.
>
> (이하 생략)

'인간 사회의 속임수, 방심, 위기 대응, 그리고 지혜의 중요성'이라는 답을 주었어요.(정말일까요?)

두꺼비는 자신보다 약자인 파리는 득의양양하게 잡지만, 강자인 송골매는 멀리 보이는 것만으로도 무서워해요. 이러한 두꺼비를 통해 자신보다 약한 사람에게는 강하고, 강한 사람에게는 약한 인간들의 모습을 풍자하고 있어요.

챗GPT에게 그 점에 대해 지적해 봤어요.

> 맞습니다. 시조 〈두터비 파리를 물고〉는 두꺼비의 행동을 통해 자신보다 약한 자에게는 강하고, 강한 자에게는 약한 인간들의 모습을 풍자하고 있습니다. 이를 좀 더 구체적으로 분석해 보겠습니다.
>
> (이하 생략)

옳은 답을 알려 주자, 바로 이를 학습하여 옳은 답에 대한 분석을 해 주었어요. 이처럼 챗GPT는 틀릴 때도 있지만 학습의 힌트나 방향성을 찾는 데에는 도움이 됩니다.

3 [사회] 역사

다음은 사회예요. 역사를 공부할 때는 그냥 용어를 외우기만 하는 것이 아니라, 옛날 사람들이 어떻게 생활했는지, 어디에서 살았는지도 공부하고 싶어지는 법이지요.

예를 들어 신석기 시대에 관해 공부하고 싶다면, 다음과 같이 프롬프트를 입력해 볼까요?

> 신석기 시대에 관한 글을 써 주세요. ① 식생활, ② 주거, ③ 문화

> ① **식생활:** 신석기 시대의 주요 식량은 사냥과 채집을 통해 얻은 고기, 과일, 열매, 견과류 등이었습니다. 농업이 발달하기 전이므로 주요 식품은 사냥과 채집에 의존했습니다.
>
> ② **주거:** 신석기 시대의 주거 형태는 주로 돌로 만든 원형 또는 반원형의 움집이었습니다. 이러한 움집은 일종의 돌담으로 만들어진 작은 공간 안에 원형으로 돌을 쌓아 만들었는데, 주로 동굴이나 바위 아래 등 자연적으로 형성된 공간을 이용하였습니다.
>
> ③ **문화:** 신석기 시대의 문화는 주로 사냥과 채집에 의존하는 삶을 중심으로 형성되었습니다. 도구와 무기의 발달은 이 시기의 주요 특징 중 하나이며, 예술은 돌로 조각된 그림과 도안 등이 유물들을 통해 전해지고 있습니다.

이 정리 방식은 공부할 때 참고가 될 것 같네요.

단, '움집'에 대한 설명 부분은 틀렸어요.

이처럼 오류를 찾아내는 것 또한 좋은 학습이 된답니다.

여러분도 잘못된 부분이 있는지 찾아낼 수 있도록 잘 살펴보세요.

그렇다면 챗GPT에게 실수를 지적해 볼까요?

 움집은 돌로 만든 집이 아니지 않나요?

 죄송합니다. '움집'이라는 용어를 사용하는 데에 약간의 실수가 있었습니다. 신석기 시대의 주거 형태는 주로 돌담으로 만든 원형 또는 반원형의 움집이 아니라, 움집이라고 불리는 건축 양식이 사용되었습니다. 이러한 움집은 돌로 만들어진 집이 아니라, 일부는 원형 돌기둥을 세워 지붕을 지지하거나 돌로 된 바닥을 가지고 있었을 수 있습니다. 주거 공간은 자연적인 동굴이나 바위 아래 등의 지형을 이용하여 구축되었을 것으로 생각됩니다.

'움집'이라는 용어가 잘못 사용되었음을 인정하고 그에 관한 자세한 설명을 덧붙였어요.

챗GPT와 대화를 나누면서, 오류가 없는지 직접 조사하고 깊이 이해하는 공부 방법도 도움이 될 거예요.

2-5 AI를 이용해 공부해 보자 (영어 편)

챗GPT로 영어를 공부할 수도 있어요.

우선 영어를 가르쳐 달라고 부탁해 봤어요.

 저는 초등학생이에요. 제게 영어를 가르쳐 주세요.

 알겠습니다. 영어를 공부하는 것은 즐거운 모험이지요! 영어의 기본부터 시작할게요. 우선 몇 가지 기본적인 구절과 단어를 공부해 볼까요?

1. 인사와 자기소개:

- Hello! (안녕하세요.)
- My name is [당신의 이름]. (내 이름은 [당신의 이름]입니다.)
- How are you? (잘 지내시나요?)

2. 숫자:

- 1(one), 2(two), 3(three), 4(four), 5(five), 6(six), 7(seven), 8(eight), 9(nine), 10(ten) (숫자 연습을 해 보세요.)

> **3. 기본적인 질문**
>
> • What is this? (이것은 무엇입니까?)
>
> • How old are you? (당신은 몇 살입니까?)
>
> (이하 생략)

인사와 자기소개, 숫자, 기본적인 질문 등을 알려 줬어요. 그리고 학습 방법도요. 무척 친절하네요.

이와 더불어 챗GPT와 영어를 공부할 때 좋은 점은 영어로 대화를 나눌 수 있다는 거예요. **외국인과 이야기하는 것처럼 영어 회화 연습이 가능하지요.**

아래처럼 프롬프트를 입력해 볼게요.

> 당신은 우수한 영어 선생님 역할을 연기해 주세요.
>
> 그리고 저와 영어 수업을 할 거예요.
>
> 다음 조건으로 저와 영어로 대화해 주세요.
>
> **조건**
>
> 1. 대화는 총 50단어 이내로 해 주세요.

2. 대답은 전부 영어로 해 주세요.

3. 초등학생 어린이가 알 만한 아주 쉬운 단어만 사용해 주세요.

4. 첫 대화는 자기소개부터 시작해 주세요.

5. 단어나 문법 실수가 있으면 알려 주세요.

6. 마침표나 쉼표 같은 구두점 실수는 무시해 주세요.

이렇게 명령하면 나머지는 당신의 목소리와 챗GPT의 '음성'으로 대화할 수 있어요. 마치 영어 회화 교실 같지요.

> **칼럼** **'AI 튜터'란?**

요즘 인터넷에서 'AI 튜터'라는 말이 자주 사용되곤 해요. AI 튜터는 컴퓨터 기술로 만든 선생님 같은 존재로, 챗GPT 등의 생성형 AI를 활용해 만들어졌어요.

AI 튜터는 공부할 때 질문하면 마치 선생님처럼 대답해 줘요.

AI 튜터의 특징

1. **언제든 이용할 수 있다:** 아침이든 밤이든, 질문하면 바로 대답해 줘요.
2. **맞춤 공부 계획을 세워 준다:** 사람에 따라 잘하는 분야나 못하는 분야가 있어요. AI 튜터는 개개인에 맞춘 최적의 공부 방법을 알려 줘요.
3. **바로 조언해 준다:** 모르는 부분이나 틀린 것이 있으면 바로 알려 줘요.
4. **학습 진도를 알 수 있다:** 무엇을 했고 무엇을 아직 못 했는지 알 수 있어요.
5. **부담 없이 질문할 수 있다:** 다른 사람을 신경 쓰지 않고 몇 번이든 부담 없이 질문할 수 있어요.

AI와 함께 공부해서 실력을 쌓을 수 있다니, 멋진 일이에요.

2-6 AI의 도움을 받아 글짓기를 해 보자

AI에게 도움을 받는 방법

여름 방학 숙제로 글짓기가 주어지면 어떻게 써야 할지 난감할 때가 있어요.

그럴 때는 챗GPT의 도움을 받아서 숙제해 보세요.

아래처럼 챗GPT에게 질문해 봤어요.

> 🐱 여름을 주제로 글짓기를 하고 싶어요. 선생님처럼 제게 질문하면서 글짓기를 도와주세요.

그러자 챗GPT에게서 질문이 왔어요.

> 알겠습니다. 기꺼이 도와드릴게요. 글짓기를 시작하기 전에 몇 가지 질문을 할게요.
>
> 1. 이 글짓기의 분량은 어느 정도인가요? (글자 수나 쪽수)

2. 이 글짓기는 어떤 목적으로 쓰는 건가요? 예를 들어 학교 숙제, 나 자신을 위해, 혹은 다른 목적이 있나요?

3. 특정 시점이나 문체(1인칭, 3인칭, 산문, 시 등)로 써야 하나요?

4. 특히 강조하고 싶은 여름의 요소는 무엇인가요? (자연, 휴식, 가족과의 시간, 축제 등)

5. 글에 포함하고 싶은 구체적인 에피소드가 있나요?

6. 글의 분위기는 어떻게 하고 싶은가요? (유머러스하게, 감동적으로, 서정적으로, 시적으로, 생생하게 등)

이 질문에 답변해 주시면 더 구체적으로 맞춤화된 글을 구성하는 데 도움이 될 거예요.

질문에 답변해 볼게요.

 1. 원고지 5장입니다.

2. 학교 숙제입니다.

3. 특별한 규칙은 없습니다.

4. 축제에 갔던 내용이 좋겠어요. 제가 초등학교 6학년인데, 초등학생으로서 참가하는 마지막 축제였거든요.

5. 축제에서 피리를 불었는데, 마지막이라서 열심히 했어요. 2학년 때부터 연습해서 5년 동안 빠짐없이 참가했어요.

6. 생생하게.

 감사합니다. 그럼 축제에서의 경험을 중심으로 글의 구성을 생각해 볼까요?

1. 도입부
- 여름이 다가오면 무엇을 기대하는지, 또는 여름에 느낄 수 있는 기쁨과 긴장감에 대해 서술합니다.
- 매년 여름이 되면 지역 축제가 열리는데, 그 흥분과 기대감에 대해 서술합니다.

2. 중심부
- 축제에서 자신의 역할(피리)에 대해 씁니다. 몇 살 때부터 시작했으며 그 일에 시간과 노력을 얼마나 투자했는지, 그리고 왜 피리를 선택했는지에 대해서도 서술합니다.
- 올해의 축제가 초등학생으로서 참가하는 마지막 축제라는 점이 자신에게 어떤 영향을 끼쳤는지 상세하게 서술합니다.
- 축제 도중 특히 인상적이었던 의문점이나 사건을 묘사합니다. 감정, 시각, 청각, 촉각, 후각을 사용해서 독자가 그 의문을 간접적

> 으로 체험할 수 있게 합니다.
>
> ### 3. 결론부
>
> - 축제가 끝난 뒤의 감정을 적습니다. 성취감, 아쉬움, 혹은 또 다른 어떤 감정 등.
> - 초등학교 생활의 한 부분으로써 이 마지막 축제가 자신의 성장과 새로운 인생의 시작을 상징한다고 서술합니다.
>
> (이하 생략)

챗GPT와 대화를 주고받는 과정에서 쓰고 싶은 내용이 정해질 것 같지 않나요? 이런 식으로 도움을 받는 방법도 있어요.

② 어린이가 AI를 이용하는 것은 좋지 않다?

학교에서 선생님께 "집에서 글짓기를 할 때 AI에게 부탁해도 되나요?"라고 질문하면 뭐라고 말씀하실까요?

"글짓기는 직접 쓰는 거예요. 그 누구에게도 대신 써 달라고 해선 안 돼요."

선생님은 아마 이렇게 대답하실 거예요.

물론 AI에게 "학예회 감상문을 써 줘."라고 부탁한다면 직접 글짓기 내용을 생각했다고는 말할 수 없어요.

따라서 챗GPT의 문장을 그대로 옮기는 것이 아니라, 일정 부분 참고하거나 첨삭하는 방식으로 도움을 받는 편이 좋겠지요.

예를 들면 다음과 같은 방법으로 말이에요.

---

① 우선 글의 내용이 짧아도, 잘 쓰지 못해도 괜찮으니 직접 글을 써 본다.
② 직접 쓴 글을 AI에 입력한다. 입력한 문장에 개인 정보가 들어 있지 않은지 주의한다.
③ 글과 함께 "당신은 글짓기 선생님입니다. 초등학교 5학년에게 어울리는 글이 되도록 첨삭해 주세요. 800자 이상, 1,200자 이내의 글이 되어야 해요."라는 식으로 부탁한다.
④ AI가 써 준 글을 읽는다.
⑤ 자신이 체험한 일 또는 자신의 생각과 다른 부분이 없는지 확인한다.

⑥ 어떻게 고쳐 쓸지, 혹은 고쳐 쓰지 않아도 되는지를 결정하고 글을 재검토한다.

이러면 글을 수정할 때도 스스로 생각하는 힘이 필요하겠지요? **'글짓기를 잘하기 위한 AI 활용법'**을 고민해 보세요.

[주의]
학교 글짓기에서 챗GPT를 사용할 때는 선생님의 지도에 따르세요.
학교에서 규칙을 정해 둔 경우도 있거든요.
개인 정보를 입력하지 않아야 하는 이유에 대해서는 40쪽을 참고하세요.

2-7 AI를 이용하면 안 되는 경우?

AI를 이용하면 안 되는 경우가 있을까요?

여기에서는 초등학생과 중학생의 경우, AI를 이용하지 않는 편이 나은 예를 몇 가지 설명할게요.

① AI의 답변을 그대로 옮겨도 된다?

AI에게 숙제의 답이 무엇인지 질문한 뒤 나온 답을 그대로 옮기지 마세요. 이렇게 하면 **스스로 생각해서 문제를 해결하는 힘**을 기를 수 없어요.

먼저 스스로 생각해 보고, 모르는 부분이 있을 때 AI에게 물어보는 것처럼 좋은 활용법을 생각해 봐요.

② 단어의 뜻을 찾을 때 AI를 이용해도 된다?

AI에게 질문하기 전에, 우선 국어사전이나 인터넷을 이용해서 스스로 조사해 보세요. **새로운 것을 배우는 즐거움**도 느낄 수 있어요.

또 AI는 의외로 검색이나 계산을 잘 못 하는 경우가 많아서 가끔 틀린 답을 내놓기도 하거든요.

③ 그림 그리기 숙제를 AI에게 대신 그려 달라고 해도 된다?

그림을 잘 못 그리는 사람에게 '이미지 생성 AI'는 무척 매력적일 수밖에 없지요.

하지만 서툴러도 **자신만의 아이디어나 생각을 직접 그림으로 그리고, 개성을 표현하는 것은 멋진 일**이에요.

AI는 질문하면 바로 대답해 주므로 굉장히 편리하게 사용할 수 있어요. 그러나 스스로 생각하고 노력하는 게 먼저라는 사실을 잊지 마세요. 여러분의 노력은 분명 보다 나은 성장으로 이어질 수 있는 밑바탕이 될 테니까요.

2-8 어떻게 하면 AI의 답변이 좋아질까?

① AI는 어떻게 답을 내놓을까?

AI는 사람과 다르게 감정이나 의식이 없어요. 하지만 수많은 정보를 '학습'해서 대답을 내놓지요.

이 구조는 수학과 통계에 바탕을 두고 있는데, 우리 생활 속에서도 사용되고 있어요.

AI에게 '학습'이란, 데이터나 인터넷 정보를 바탕으로 그 안에 숨겨진 패턴 또는 규칙을 찾아내는 일이에요.

이 능력을 이용해 AI는 어려운 문제나 새로운 상황에 맞춰 대답할 수 있는 거예요.

② 질문을 뚜렷하게 전달하자

AI에게는 뚜렷한 질문, 즉 **'구체적인 질문'**을 해야 돼요.

예를 들어 "오늘 날씨가 어때?"라고 묻는 것보다, "오늘 서울의 날씨는 어때?"라고 구체적으로 물어야 원하는 대답에 더 가까워져요.

AI는 주어진 데이터나 정보에 근거해서 답을 만들어요. 질문이 구체적일수록, AI는 그 정보를 바탕으로 더 정확한 답을 들려주지요.

③ 질문의 이유와 목적을 알려 주자

여러분의 질문에는 '그 질문을 왜 하는가', '어떤 것을 알고 싶은가'라는 이유와 목적이 담겨 있어야 해요. 그 **이유와 목적을 직접적으로 알려 주면, AI도 질문자에게 맞는 대답을 해 줄 수 있어요.**

예를 들면, "초등학교 4학년이 풀 만한 나눗셈 문제를 내 줘."라고만 하는 것보다, "나눗셈 문제를 잘 못 풀어서."라든가, "나머지를 잘 못 구하는데, 틀리지 않게 연습하고 싶어."라는 식으로 이유와 목적을 함께 전달하면 여러분이 원하는 대답을 해 줄 거예요.

또한 여러분 자신에게도 그러한 질문을 하는 이유와 목적에 대해 생각해 보는 계기가 될 수 있어요.

④ 여러 번 질문하자

한 번에 많은 질문을 하면 그만큼 많은 대답이 나와서 이해하기 어려워요. 따라서 **범위를 좁혀서 조금씩 여러 번 질문하세요.** 그래야 알고 싶은 정보를 얻을 수 있어요.

또 여러 번 질문하면 '무엇을 어떻게 질문하면 좋을까', 즉 **'프롬프트를 어떤 식으로 입력하면 좋을까'**를 점차 알게 돼요.

연습이라 생각하고 반복해서 도전해 보세요.

AI는 늘 새로운 것을 학습함으로써 점점 진화해요. AI에게 같은 질문을 여러 번 해 보면 그때마다 대답이 바뀌는데, 이는 AI가 학습한다는 사실을 실감할 수 있는 부분이지요.

⑤ 생각하는 힘을 기르자

AI에게 질문을 하면 반드시 대답이 나와요. 하지만 AI는 **'100퍼센트 정확하지 않다'**는 점, 기억하지요?

AI의 대답은 하나의 의견이나 지식으로써만 참고하고, **자신의 의견과 생각을 확실하게 지니도록 하세요.**

그리고 AI에서 정보를 얻었을 때, '정말 맞나?' 하고 다른 지식이나 정보와 비교해서 생각하는 습관을 기르세요. 이는 무척 중요한 기술(능력)이랍니다.

앞으로 다가올 시대에 AI는 단순한 기계가 아니라, 우리와 함께 문제를 생각하거나 해결하는 파트너가 될 수도 있어요.

　AI의 대답을 **새로운 아이디어를 떠올리는 실마리로 받아들인다면**, 더 재미있는 일을 경험하고 새로운 발견을 할 수 있을 거예요.

> **칼럼** AI를 이용하면 공부를 잘하게 된다!?

일본의 장기 경기에서 최연소 우승 기록을 차례차례 갈아치우고 있는 후지이 소타. 그의 뛰어난 실력에는 한 가지 비밀이 있어요.

그것은 바로 AI 장기 프로그램을 이용해서 장기 연습을 한다는 거예요. AI와 승부를 겨루거나 대국 결과를 AI로 분석하는 등 AI를 이용해 장기 공부를 하는 것이지요.

후지이 소타는 유도만능줄기세포 연구로 유명한 야마나카 신야 교수와의 대담에서 다음과 같이 말했어요.

"(인간과 AI의 대결 국면을 넘어) 반대로 AI를 활용함으로써 인간이 어떻게 강해질 수 있는가의 단계에 다다랐다고 생각합니다. 앞으로는 인간과 AI가 공존하는 형태가 될 것입니다."

(출처: 《도전 상식의 브레이크를 풀어라 挑戦 常識のブレーキをはずせ》, 고단샤)

생성형 AI를 잘 이용하는 사람이 똑똑해지는 시대가 오고 있는지도 모르겠네요.

제3장

AI로 창작물을 만들고 싶다면

3-1 AI로 이야기 만들기

1 이야기를 만들 때

여러분은 이야기를 만들어 본 적이 있나요?

책을 좋아한다면 이야기를 만드는 데 관심이 있을지도 몰라요. 하지만 글쓰기가 누구에게나 쉬운 건 아니지요. 생성형 AI는 정확한 글을 쓰는 건 잘 못하지만, **아이디어를 내는 건 잘한답니다.**

즉, 이야기를 만들 때 적절히 활용할 수 있지요.

AI에게서 어떤 도움을 받을 수 있는지, 그러기 위해서는 어떤 식으로 프롬프트를 입력해야 하는지 살펴볼게요.

(1) 등장인물의 설정 생각하기

먼저 등장인물의 이름을 짓고, 어떤 성격인지도 정해야 해요. 이럴 때 챗GPT에게 물어보면 바로 아이디어를 제시해 줘요.

단, 챗GPT의 대답을 그대로 사용한다면 여러분이 만든 이야기라고 할 수 없어요.

챗GPT에게 아이디어를 여러 개 달라고 한 다음, 그 결과를 살펴보고 참고하세요.

예를 들어, 다음과 같이 챗GPT에게 명령해 볼게요.

 이야기를 만들려고 하는데, 주인공인 애벌레의 이름을 3개 정도 지어 주세요.

 이야기의 주인공인 애벌레의 이름을 아래와 같이 제안합니다.

끈끈이

돌돌이

통통이

부르기도 쉽고, 여러분이 만들 이야기에 딱 어울리는 아이디어네요.

물론 챗GPT가 제안한 이름 외에도, 여기에서 힌트를 얻어 더 괜찮다고 생각하는 이름이 있으면 그것으로 정해도 좋아요.

그럼 이제부터는 등장인물의 특성과 이야기 주제에 맞춰 직접 고쳐 써 보세요.

이름뿐만 아니라 외모나 성격도 결정해야 해요. 착하지만 겁이 많은 성격인지, 아니면 실수투성이에 급한 성격인지도 미리 결정해 두면 글짓기가 훨씬 편해져요.

이처럼 다양한 특징을 정하는 일을 **'설정'**이라고 해요.

챗GPT에게 '등장인물의 설정'에 대해 물어볼게요.

> 그럼 이름은 '통통이'로 할게요.
>
> 등장인물을 설정할 때, 이름 외에 어떤 설정이 필요할까요?

> 이야기의 등장인물을 설정할 때, 이름 외에 고려해야 할 포인트나 요소는 여러 가지가 있습니다. 아래는 주요 설정 요소의 일부입니다.
> ① 겉모습, ② 성격, ③ 배경·가족, ④ 능력과 특기, ⑤ 목적과 꿈, ⑥ 관계성, ⑦ 성장의 포인트, ⑧ 취미와 습관, ⑨ 역할, ⑩ 목소리와 말투
>
> (이하 생략)

아이디어를 아주 많이 주었군요.

그 밖에도 색깔, 크기, 모양, 특징적인 부위나 액세서리 등에 관한 대답도 해 주었어요.

(2) 사건 생각하기

이야기를 만들 때 중요한 것은 '어떤 사건이 일어나는가', '어떤 사건을 해결하는가'를 생각하는 일이에요.

앞서 등장한 '통통이'를 사용해서, 앞으로 벌어질 사건과 이를 해결할 방법을 알려 달라고 부탁해 볼게요.

> 겁이 많은 성격인 '통통이'는 친구 애벌레와 외출을 해요. 그 뒤 통통이는 어떤 사건을 겪게 되는데, 그에 관한 예시 3가지를 알려 주세요.

그러자 챗GPT는 '① 바람이 거센 날의 모험', '② 신비한 빛이 나는 숲', '③ 물웅덩이 왕국'이라는 3가지 사건을 생각해 주었어요.

여기에서는 '③ 물웅덩이 왕국'만 소개할게요.

> **③ 물웅덩이 왕국**
>
> 통통이는 친구 애벌레와 놀던 중 커다란 물웅덩이를 발견한다. 둘은 호기심이 생겨 물웅덩이를 들여다보았는데, 별안간 물웅덩이 속으로 빨려 들어가 물속의 작은 왕국으로 들어간다. 왕국의 주민들은 바깥 세계와 연결된 물웅덩이가 말라 간다며 두 사람에게 도움을 청한다. 통통이는 애벌레 친구와 힘을 합쳐 물웅덩이 왕국을 구할 방법을 찾아낸다.

어떤가요? 정말 흥미로운 사건으로 이야기를 전개시켜 나가고 있지요? 챗GPT가 만들어 준 글을 읽고 나니, 과연 사건을 어떻게 해결할지 궁금해지네요. 이번엔 해결 방법을 물어볼게요.

물웅덩이 왕국의 사건을 해결할 수 있는 방법 3가지를 알려 주세요.

그러자 챗GPT는 '① 구름의 도움', '② 마법의 샘물 찾기', '③ 대지와의 공생' 등의 해결책을 내놓았어요.

이처럼 **챗GPT는 여러 가지 아이디어를 끝없이 내놓을 수 있답니다.**

(3) 표현 수정하기

이야기를 만들 때는 상황이 자세하게 전달되도록 표현을 수정하거나 추가하기도 해요.

또 등장인물의 감정과 특성이 잘 드러나도록 대화나 행동 등을 어떻게 표현할지 생각하는 일도 중요해요.

이 부분에 대해 AI에게 도움을 받으려면 프롬프트를 어떻게 써야 할까요?

 ① 왕국의 모습을 자세하게 알 수 있도록 써 주세요.
　② '통통이'의 겁 많은 성격이 드러나도록 '통통이'의 대사를 많이 써 주세요.

이렇게 프롬프트를 쓴다면, AI가 알려 준 표현 방법을 참고할 수 있겠지요.

물론 "초등학생 대상으로 알기 쉽게 써 주세요."와 같은 부탁도 할 수 있어요. 단, 이야기를 만드는 것은 AI가 아니라 여러분이라는 점을 잊으면 안 돼요.

AI의 아이디어를 그대로 사용하지 말고, 스스로 생각한 아이디어를 더하거나 수정해서 멋진 이야기가 나올 수 있도록 궁리해 보세요.

② 패러디 만들기

유명한 이야기의 설정을 조금만 바꾸어서 새로운 이야기로 만드는 방법도 있어요. 이것을 '패러디'라고 해요.

그럼 〈홍길동전〉의 패러디를 만들어 볼까요?

챗GPT에게 다음과 같은 지시를 할게요.

"당신은 프로 소설가입니다. (   ) 장르의 홍길동전 이야기를 써 주세요."

괄호 안에는 소설의 장르를 넣어요.

 당신은 프로 소설가입니다. (판타지) 장르의 홍길동전 이야기를 써 주세요.

챗GPT가 만든 이야기는 다음과 같아요.

> 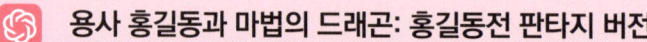 **용사 홍길동과 마법의 드래곤: 홍길동전 판타지 버전**
> 어느 날, 용감한 전사 홍길동은 무서운 드래곤과의 결투에 나섰다. 그 드래곤은 불길과 얼음의 마법을 다루는 강력한 생물이었다. 홍길동은 용감하게 드래곤의 동굴로 쳐들어갔고, 둘 사이에 강력한 마법의 대결이 시작되었다. …… (이하 생략)

세상에, 홍길동이 용감한 전사가 되었네요. 다른 장르도 해 볼까요?

> 당신은 프로 소설가입니다. (공포·호러) 장르의 홍길동전 이야기를 써 주세요.

> **홍길동의 끔찍한 악몽: 홍길동전 공포·호러 버전**
> 홍길동은 어느 날 밤, 무시무시한 악몽에 시달렸다. 그는 어둠 속에서 귀신과 유령들이 나타나는 무서운 세계로 빨려 들어가게 되었다. 홍길동은 무서운 괴물들과 사투를 벌이며 자신의 삶을 지키기 위해 싸워야 했다.
> 홍길동은 고대 묘지에서 깨어난 좀비들과 마주쳤다. 그들은 어둠 속에서 잠들어 있다가 죽음과 파멸을 불러일으키기 위해 일어났고, 홍

제3장 AI로 창작물을 만들고 싶다면

> 길동은 그들의 공격을 막아 내고 자신의 생명을 지키기 위해 필사적으로 싸워야 했다. …… (이하 생략)

이처럼 AI와 함께 이야기를 만드는 것은 무척 재미있지만, 아직 미흡한 점도 있어요.

챗GPT가 내놓는 아이디어에는 의문점도 아주 많거든요.

그런 점에서 볼 때 프로 작가들이 만들어 낸 이야기는 역시 대단한 것 같아요.

더 좋은 작품을 탄생시키려면 여러 가지 훌륭한 작품들을 접하고 감성을 기를 필요가 있겠어요.

3-2 AI로 음악 만들기

① 피아노 없이 음악을 만들어 보자

여러분은 피아노를 칠 줄 아나요? 피아노로 음악을 만들어서 내 마음을 표현할 수 있다면 정말 멋지겠지요.

음악을 몰라도 괜찮아요. 지금은 AI가 있으니 피아노가 없어도, 피아노를 칠 줄 몰라도 AI가 여러분 대신 원하는 곡을 짧은 시간 안에 만들어 주거든요.

대표적인 것으로는 '수노(SUNO)'라는 자동 작곡 AI가 있어요. 가사를 입력하기만 하면 곡을 만들어 주지요. 어떻게 사용하는 걸까요?

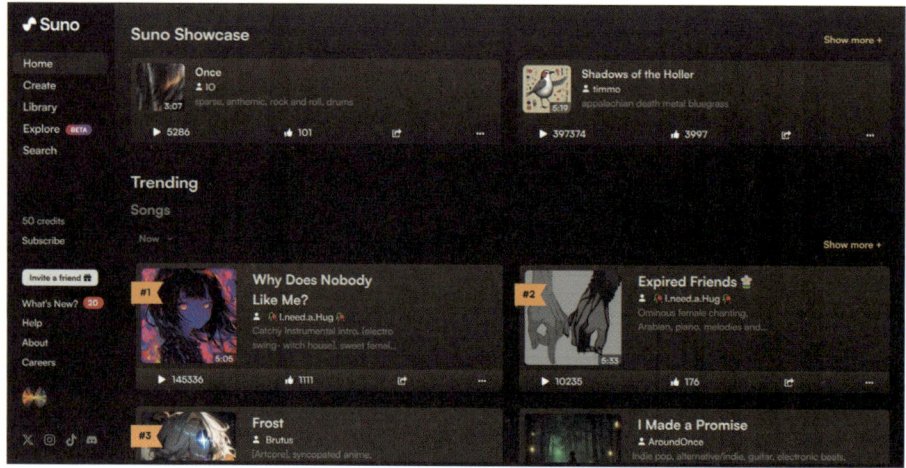

수노 홈페이지(https://suno.com/)에서 'Create'를 선택한 뒤 화면 왼쪽 'Custom Mode'를 활성화하세요.

그다음, 아래 순서대로 진행하면 돼요.

---

① 'Lyrics'에 가사를 입력한다.
② 'Style of Music'에서 음악 스타일을 선택한다.
③ 'Title'에 제목을 입력한다.
④ 하단의 'Create'를 클릭한다.

이렇게 하면 잠시 후 같은 가사를 바탕으로 1~2개의 음악이 생성돼요. 같은 댄스 스타일이지만 완전히 다른 음악이지요. 생성된 음악을 클릭해서 들어 보세요.

참고로, 가사는 챗GPT에게 '여름 햇살'이라는 제목에 어울리는 가사를 지어 달라고 부탁한 결과예요.

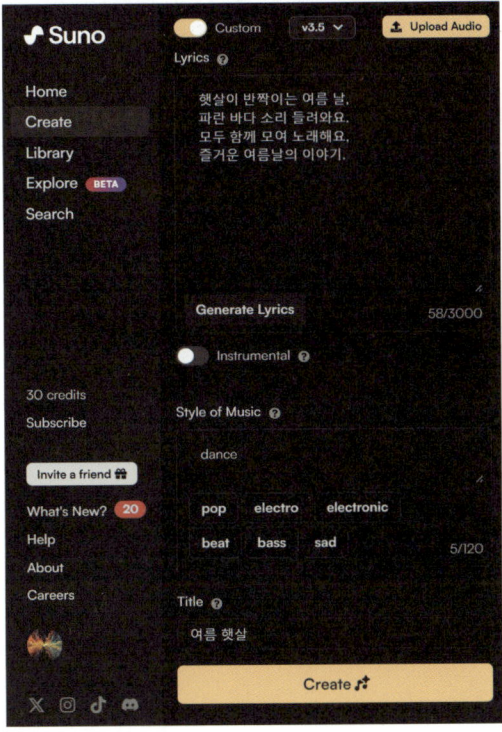

음악을 클릭하면 어떻게 될까요?

여러분이 입력한 가사에 맞춰 자동 음성이 노래를 불러 줘요.

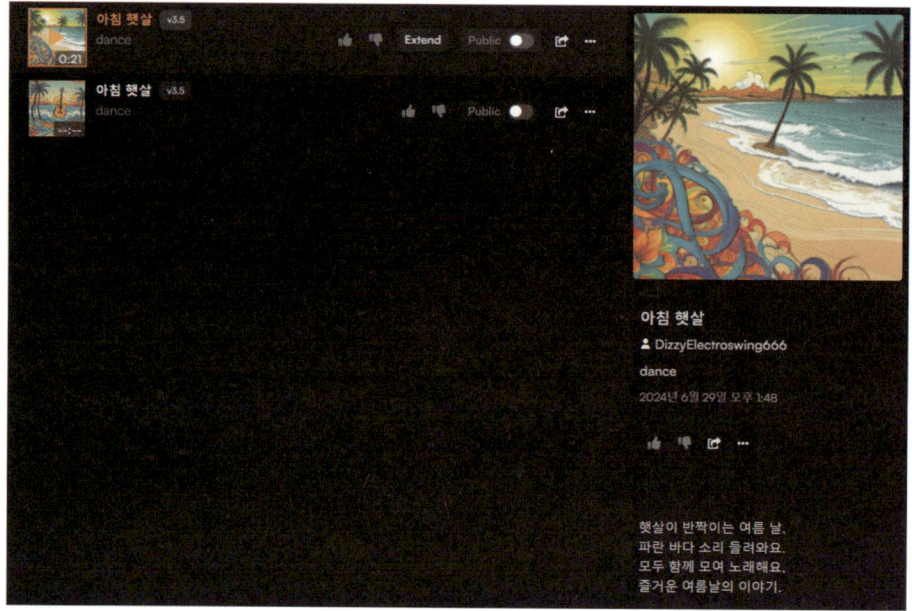

만일 악기만 연주하는 곡을 만들고 싶다면, 가사 입력 창 아래의 'Instrumental'을 활성화하면 가사가 없는 곡을 만들 수도 있답니다.

설정이 완전히 똑같더라도 수노는 항상 같은 곡을 만들지 않아요. **수노 자체가 늘 새로운 것을 '학습'하기 때문이에요.**

즉, 우리가 수노를 사용하면 사용할수록 아름다운 멜로디, 멋진 멜로디, 감성적인 멜로디 등 우리가 가장 좋아할 만한 멜로디를 만들 수 있는 것이지요.

따라서 같은 가사를 입력해도 한 달 후에는 전혀 다른 멜로디가 완성돼요.

실제로 "처음 썼을 때는 멜로디의 완성도가 만족스럽지 않았는데, 몇 달 후에는 놀랄 만큼 정밀한 작곡을 할 수 있게 되었다."라고 말하는 사람도 있어요.

② 나만의 교가를 만들어 보자

이번에는 수노를 이용해서 교가의 멜로디를 새롭게 만들어 볼게요. 친구들끼리 각자 만들어 보고, 누구의 곡이 가장 좋은지 비교해 봐도 재미있을 거예요.

수노는 글자 수에 제한이 없으므로 교가의 가사를 전부 입력해도 좋아요.

하지만 후렴 부분, 이를테면 '꿈은 높게, 마음은 넓게, ○○ 초등학교'와 같은 부분만 입력해서 곡을 만들어 볼 수도 있어요.

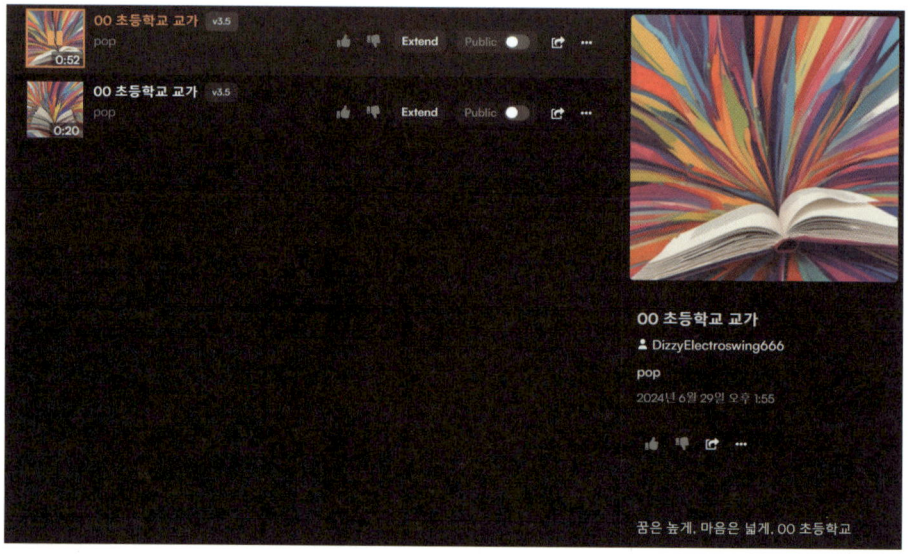

'Style of Music'에서 멜로디 스타일을 팝이나 힙합 등으로 설정해 여러 가지로 만들어 보면 훨씬 재미있게 즐길 수 있어요.

마지막으로 친구들과 함께 듣고 서로의 곡을 비교해 보세요.

저도 친구들과 함께 여러 곡을 비교해서 들어 보고 "누가 만든 곡이 제일 좋았어?"라고 물어봤어요.

어떤 결과가 나왔을까요?

모두들 **"원래 멜로디가 가장 좋아."**라고 말하지 뭐예요!

AI가 만든 것보다는 처음 만들어지고 지금까지 이어져 내려온 교가의 원래 멜로디가 더 좋다고 느낀 거예요.

AI를 사용해 본 덕분에 이런 식으로 우리 학교 교가의 멜로디가 얼마나 좋은지 되새겨 볼 수도 있었어요.

'교가의 멜로디가 이렇게 아름다웠구나!', '작곡가란 참 굉장한 사람이구나!' 하고 새삼 느낄 수 있다니, 멋진 일이지요.

3-3 AI로 그림 그리기

AI와 함께 독서 감상화를 그려 볼게요. 독서 감상화란, 책을 읽고 나서 가장 기억에 남는 장면을 그리는 거예요.

독서 감상화를 그리는 일은 생각보다 어려워요. 우선 어떤 장면을 그림으로 그릴지 정해야 하고, 그 장면의 '구도'나 '색채' 등도 생각해야 하기 때문이에요.

그림을 잘 그리지 못하는 사람이라면 더욱 어렵게 느껴질 수도 있어요.

하지만 이미지 생성 AI를 이용하면 **'구도'나 '색채' 등을 생각할 때 힌트를 얻을 수 있어요.**

세계 명작 동화 〈하멜른의 피리 부는 사나이〉를 바탕으로 독서 감상화 그리는 방법을 소개할게요.

〈하멜른의 피리 부는 사나이〉는 독일의 하멜른이라는 마을에 전해 내려오는 이야기로, 어느 날 이 마을에 수많은 쥐가 들끓기 시작하자 피리를 부는 남자가 나타나 마을에서 쥐를 쫓아낸다는 내용이지요.

그럼 먼저 마이크로소프트 빙 이미지 크리에이터(http://www.

bing.com/images/create/)라는 생성형 AI에 프롬프트를 입력할게요. 이때 그리고 싶은 '장면'을 구체적으로 지정하는 게 중요해요.

> 동화 〈하멜른의 피리 부는 사나이〉의 그림을 그릴 거예요. 피리 부는 사나이가 피리를 불자, 마을 안에서 쥐들이 잔뜩 나와 피리 부는 사나이 쪽으로 모여드는 장면이에요.

잠시 후 AI가 4장의 이미지를 표시해 주었어요. 정말 사람이 그렸다고 해도 믿을 수 있을 정도로 정교하고 훌륭한 그림이 나왔지요. 오른쪽은 그중 하나예요.

4장 중 2장은 흑백, 다른 2장은 다양한 컬러가 사용된 수채화풍의 그림이었어요. 하지만 흑백 그림으로는 '색채'를 알 수 없어요.

그래서 프롬프트에 "전부 수채화풍으로 그려 주세요."라는 문구를 추가했어요.

그러자 어떤 그림이 나왔을까요?

동화 〈하멜른의 피리 부는 사나이〉의 그림을 그릴 거예요. 피리 부는……
Bing Image Creator에 의해 작성　　　DALL·E 3에서 구동

이번에는 다양한 색깔의 이미지를 4장 보여 주었어요.
이제 '색채'를 구상할 힌트를 얻을 수 있겠네요.

여기서 한 발짝 더 나아가, '구도'를 생각해 달라고 부탁하기로 했어요. 쥐들이 달려와서 모여드는 역동적인 모습을 그림 안에 담아내고

싶어요.

이럴 땐 어떤 프롬프트를 입력하면 좋을까요?

 쥐들이 떼를 지어 피리 부는 사나이 쪽으로 모여드는 장면을 그림으로 그려 주세요.
쥐들이 달리고 있는 모습으로 표현해 주세요.

그러자 이와 같은 이미지를 8장 표시해 주었어요. '구도'와 '색채'는 8장 모두 다양해요. 또한 피리 부는 사나이와 마을의 풍경, 피리의 모양 등 참고할 부분이 무척 많아요.

그런데 그림으로 그리기에는 쥐가 너무 많은 게 마음에 걸려요.

그래서 프롬프트에 한 가지 내용을 더 적었어요.

 쥐들의 숫자가 너무 많으니 반 정도로 줄여서 그려 주세요.

이번에는 다음과 같은 이미지가 표시됐어요.

꽤 깔끔한 '구도'가 되었네요.

이렇게 하면 이미지 생성 AI가 만든 이미지를 '구도'나 '색채' 등의 **아이디어가 필요할 때 '시안'**[*]으로 활용할 수 있어요.

이런 방법으로 아래와 같은 멋진 독서 감상화를 그린 사람도 있답니다.

* 시험으로 만든 계획안.

칼럼 이미지를 음성으로 읽어 주는 앱

눈이 안 보이는 사람이 주위의 모습을 알고 싶을 때 도움을 주는 AI가 있어요. '시잉(Seeing) AI'라는 무료 앱이에요(https://www.seeingai.com/).

이 앱은 스마트폰 카메라로 인식한 이미지를 음성으로 안내해 줘요. 돈의 액수, 풍경, 색깔은 물론 인쇄된 글자도 알 수 있어요. 또한 친구의 얼굴을 인식해서 그 표정을 전달하는 기능도 있답니다.

조만간 시각 장애가 있는 사람도 더 안전하고 자유롭게 생활할 수 있는 세상이 올지도 모르겠네요.

이미지 생성 AI는 글을 이미지(그림)로 바꾸어 주는 AI였지요? 그와 반대로 이 앱은 이미지를 글로 바꾼 다음 음성으로 들려주는 AI라고 할 수 있어요.

3-4 AI로 동영상 만들기

① 동영상 생성 AI를 사용해 보자

AI로 짧은 동영상을 만들 수도 있어요.

동영상은 애니메이션이나 CG로 이루어져 있으니, 우리가 직접 만들 수 없을 거라고 생각하지는 않았나요?

인터넷에서 '런웨이젠2(Runway Gen2)'를 검색해 보세요.

런웨이젠2는 'Gen-2'라는 AI를 사용할 수 있는 웹사이트예요(https://research.runwayml.com/gen2).

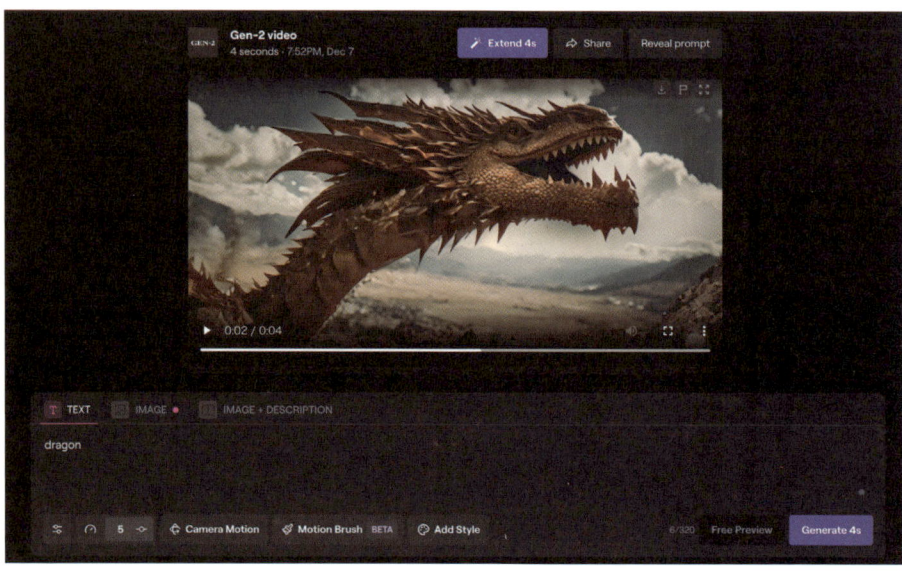

비록 짧기는 하지만 AI가 무료로 동영상을 만들어 줘요.

우선 아래의 '주의할 점'을 꼼꼼히 읽어 보세요.

> **주의할 점**
> 1. 초등학생·중학생은 보호자의 메일 주소로 Gen-2 계정을 만든다. 이 메일 주소와 비밀번호는 절대 다른 사람에게 알려 주지 않는다.
> 2. AI로 동영상을 만들 때는 반드시 보호자와 함께 한다. 혼자서는 절대 하지 않는다.

1번은 **소중한 개인 정보를 지키기 위해서**예요.

그러면 2번은 왜 주의해야 할까요?

AI는 어떤 프롬프트를 입력하느냐에 따라 초등학생·중학생이 보면 기분이 나빠지거나 성장에 방해가 될 수 있는 동영상을 만들 우려가 있기 때문이에요.

유튜브는 설정의 제한 모드를 이용하여 미성년자에게 부적합한 동영상을 막을 수 있지만, 이 AI에는 이러한 동영상을 자동으로 차단하는 기능이 없어요.

그러니 꼭 보호자와 함께 만들도록 하세요.

② 텍스트로 동영상을 만들자

'텍스트로 동영상 만들기'라는 부분을 클릭하면 글을 입력하는 화면이 나와요. 이곳에 프롬프트를 입력해 보세요.

어떤 동영상을 만들고 싶은지를 적으면 돼요.

아무거나 괜찮지만, 여기에서는 '용'을 주제로 해 볼게요.

> 불을 뿜는 무서운 용.

용은 역시 불을 뿜는 모습이 제일 멋지겠지요.

문장을 입력한 다음, 'Free preview'라는 버튼을 눌러요.

잠시 기다리면 화면에 4개의 동영상이 나타나요.

순식간에 용이 불을 뿜는 동영상이 만들어지다니, 굉장하네요.

③ 영어로 해 보자

한 단계 높은 수준에 도전하고 싶다면, "불을 뿜는 무서운 용"이라는 프롬프트를 영어로 번역해 보세요(번역 사이트의 사용법은 보호자에게 물어보세요).

입력 창에 "A fearsome dragon breathing fire"라고 입력해 봤어요.

그러자 조금 전보다 더 생생한 동영상이 만들어졌어요. 한국어 문장을 입력해서 만든 동영상과는 또 다른 용이 만들어지네요.

이처럼 영어를 기반으로 한 생성형 AI를 사용할 때는 **영어 프롬프트를 시도해 보는 것도 추천해요.** 영어 공부에도 도움이 될 테니까요.

다른 내용의 프롬프트도 꼭 한번 시도해 보세요.

또한 멋진 동영상이 만들어졌을 때는 입력했던 프롬프트를 메모해 두면 좋아요.

부모님과 함께 다양한 의견을 나누면서 여러 가지 동영상을 만들어 보세요.

3-5 AI로 롤플레잉 게임 만들기

이번엔 AI로 게임을 만들어 볼까요?

아무래도 갑자기 게임을 프로그래밍하기는 너무 어렵겠지요.

그래서 먼저 롤플레잉 게임을 체험해 보기로 해요.

롤플레잉 게임은 플레이어를 화면 속에서 움직이게 하는 것이 아니라, 글을 읽으면서 선택지를 골라 진행하는 '텍스트 게임'이에요.

챗GPT에게 아래와 같이 프롬프트를 입력해 보세요.

 게임을 해 보고 싶어요.

아래 조건으로 텍스트 판타지 롤플레잉 게임(RPG)을 만들어서 놀 수 있게 해 주세요.

- 4명의 파티원이 모험을 한다.
- 마지막에는 마왕을 쓰러뜨린다.
- 마을에 들르면서 동료를 만나고 성장해 나간다.
- 배틀 장면도 만든다.

그러자 바로 다음과 같은 설정으로 시작되는군요.

제목: 모험가의 전설

플레이어: 당신은 4명의 모험가 중 리더입니다.

스토리:

게임은 판타지 세계에서 시작됩니다. 당신은 마왕이 지배하는 무시무시한 어둠의 제국이 세력을 넓히고 있다는 소문을 들었습니다. 그에 맞서기 위해 길을 떠난 당신은 용감한 모험가 동료들을 만나서 함께 여행을 떠납니다.

처음으로 들른 마을에서 당신은 동료를 만납니다. 첫 번째는 현명한 마법사인 엘방입니다. 두 번째는 소인족의 강력한 검투사 토그림입니다. 세 번째는 신비로운 숲의 정령 세리아입니다. 그들이 당신의 모험에 참여하면서 파티원은 4명이 되었습니다.

모험을 이어 가면서 다른 마을들을 방문합니다. 각 장소에서 새로운 동료와 만나고, 정보를 모으고, 장비를 강화합니다. 또 몬스터 및 적과의 배틀도 당신 일행을 기다리고 있습니다.

최종 목표는 마왕의 성에 도전하는 것입니다. 마왕은 강력한 힘을 지니고 있으므로 모든 파티원은 최고의 장비와 기술을 갖춰야만 합니다. 배틀 장면에서는 턴제 전투가 이루어지며, 각 동료가 특수 능력과 마법을 구사하여 적을 쓰러뜨립니다.

마왕의 성에서는 긴장감 넘치는 전투가 펼쳐지면서 당신과 동료들의 힘을 시험합니다. 전투에서 승리하면 세계는 평화를 되찾고, 당신들은 전설의 모험가로서 영원히 기억될 것입니다.

자, 용기를 내서 여행을 떠나, 마왕을 쓰러뜨리고 모험가의 전설을 써 내려가 봅시다.

"모험을 시작하겠습니다."라고 입력하면 바로 첫 선택지가 나타나요. 이때 번호를 선택하면 이야기가 진행되지요.

> 멋진 모험가 여러분, 모험의 여행이 시작되었습니다!
> 첫 마을에서부터 출발하여 미지의 세계를 향해 떠납시다.
>
> **장면 1: 첫 마을―에메랄드 타운**
>
> 에메랄드 타운은 아름다운 녹음에 둘러싸인 작은 마을입니다. 당신은 이곳에서 최초의 동료인 엘방, 토그림, 세리아와 합류했습니다. 그리고 마을 사람들에게서 마왕의 악행을 전해 듣고, 다음 목적지를 정했습니다.
>
> - [1] 마을의 술집에서 정보 모으기
> - [2] 시장에서 장비 조달하기
> - [3] 마을 밖을 향해 모험 이어 가기
>
> 어떤 선택지를 고르시겠습니까?
> (예: "1을 선택합니다."라고 답변해 주세요.)
>
> (이하 생략)

 **AI로 프로그래밍을 이용한 게임 만들기**

프로그래밍 코드를 만들자

AI로 프로그래밍 언어를 작성해서 게임을 만들 수도 있어요. **프로그램 설치가 필요하므로 보호자와 함께 시도하세요.**

우선 컴퓨터에 파이썬(Python)과 아이들(IDLE)이라는 두 가지 앱을 설치해야 해요.

파이썬이란, 프로그램 언어의 이름이에요. **프로그램 언어는 사람이 컴퓨터를 작동시키기 위한 전용 언어라고 생각하면 돼요.** 파이썬은 여러 종류의 프로그래밍 언어 중 하나지요.

또 아이들은 프로그램을 작동시키기 위한 앱이에요.

설치 방법을 챗GPT에게 물어볼까요?

> 윈도우(맥)에서 파이썬을 설치하는 방법을 알려 주세요.

그러자 바로 설치할 수 있는 사이트와 방법을 알려 줬어요(https://www.python.org/downloads/). 아이들은 파이썬을 설치하면 함께 설치돼요.

두 앱을 설치했으면 이제 챗GPT가 나설 차례에요. 가위바위보 게임을 만들어 달라고 말해 볼게요.

 파이썬으로 가위바위보 게임을 만들고 싶어요. AI와 승부를 겨뤄서 3점을 따면 이기는 규칙의 프로그램을 작성해 주세요.

그러자 오른쪽과 같은 프로그램을 작성해 주었어요. 프로그램 언어를 몰라도 할 수 있다는 게 놀랍네요.

② 작동시켜 보자

우선 프로그램을 저장할게요. 아이들을 실행시키면 아래 화면이 떠요.

왼쪽 위의 'File'에서 'New File'을 클릭하면 빈 창이 생겨요. 그곳에 챗GPT가 만들어 준 프로그램을 붙여넣기하세요. 그러면 진짜 프로그램처럼 색이 바뀌어요.

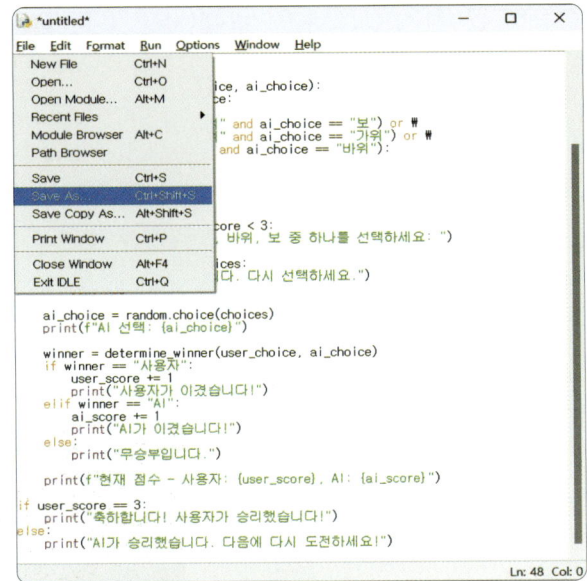

다음으로 'File'에서 'Save as'를 클릭한 뒤 'rockpaperscissors' 와 같은 이름으로 저장하면 돼요.

저장했으면 이제 실행시켜 볼까요?

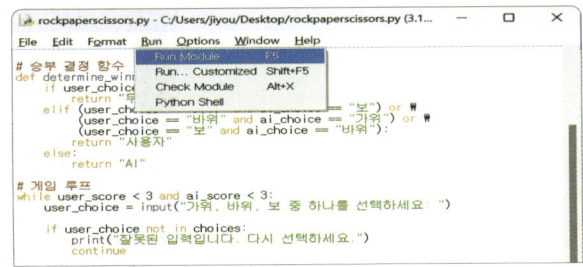

윈도우의 경우에는 'Run Module', 맥의 경우에는 위쪽 메뉴 바의 'Run'에서 'Run Module'을 선택해요.

그러자 처음에 열린 창이 가위바위보 게임으로 바뀌었어요. 숫자를 입력해서 AI와 가위바위보를 하는 게임이 완성된 거예요!

② 잘 작동되지 않을 때는?

오른쪽과 같은 알림창이 뜬다면 에러가 발생한 거예요.

무엇이 문제일까요?

이것도 챗GPT에게 고쳐 달라고 해 볼게요.

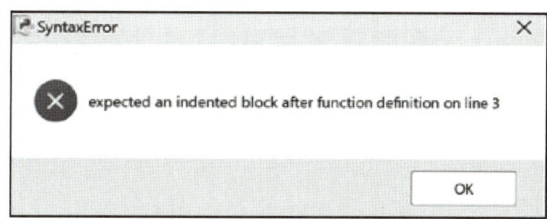

 'expected an indented block after function definition on line 3'이라는 메시지가 나왔어요. 에러를 수정해 주세요.

그러면 챗GPT가 수정 프로그램을 만들어 줘요.

지금까지는 게임을 만들다가 에러가 날 경우, 프로그램이 작동하지 않는 이유를 사람이 직접 조사했어요. 하지만 이제는 AI가 에러 수정까지 할 수 있게 되었지요.

한번 게임을 완성한 경험이 있다면, 여러분이 만들고 싶은 게임도 차츰 직접 설계할 수 있게 돼요.

여러분도 AI를 활용해 게임을 만들어 보세요.

3-7 AI의 바이어스 이해하기

1 사용하기 전에 잠깐!

여기까지 읽었다면 여러분도 이야기나 동영상, 게임을 만들고 싶어졌을지도 몰라요.

하지만 잠깐 멈춰 봅시다.

반복해서 말하지만, AI의 답이 전부 올바른 건 아니에요.

AI는 대량의 데이터를 바탕으로 학습해서 예측과 판단을 해요.

만일 편견이나 선입관이 들어간 데이터를 학습한다면, AI도 그 데이터를 바탕으로 한쪽으로 치우친 판단을 내릴 수도 있어요.

이 편견을 **'바이어스'**라고 해요.

이런 AI의 성질에 관해 모른 채 '챗GPT로 조사해 보자!'라는 생각만 가지고 정보를 그대로 받아들이는 일은 무척 위험해요.

2 AI는 '생물다움'을 알고 있을까?

예를 들어, 과학 공부를 하다가 생물의 특징을 알고 싶어졌다고 가정해 볼까요?

제3장 AI로 창작물을 만들고 싶다면

AI는 우리처럼 곤충이나 강아지, 고양이 등의 생물을 볼 수 없어요. 이는 AI의 정확도에 영향을 미칠 수 있지요.

AI는 눈과 손으로 직접 보거나 만져서 느낄 수 없는 대신, 수많은 데이터와 정보를 이용해서 답을 추측할 수밖에 없어요.

따라서 여러분이 어떤 생물에 관하여 '이 생물에 냄새가 있나요?'라고 검색해도, AI는 인터넷상에서 학습한 데이터를 바탕으로 대답할 뿐이므로 그 답이 꼭 올바르다고는 할 수 없어요. 체험이 바탕이 된 정보가 아니니까요.

③ 실제로 경험하는 재미

우리나라에는 수많은 식물이 자라고 있어요. 심어서 키운 것뿐만 아니라 자연스럽게 자라나는 잡초도 있지요.

그렇다면 우리나라의 농경지에는 어떤 잡초가 자라고 있을까요? 챗GPT에게 물어봤어요.

그 결과 5종류의 잡초를 알려 줬어요. 이것은 과연 사실일까요?

 한국 농경지에 많이 발생하는 잡초 5가지를 알려 주세요.

 한국의 농경지에서 많이 발생하는 잡초는 다음과 같습니다:

1. 피(Echinochloa crus-galli): 주로 논에서 많이 발생하는 잡초로, 벼와 비슷한 형태를 가지고 있어 구별이 어렵습니다. 성장 속도가 빠르고 번식력이 강하여 벼의 생장을 방해합니다.

2. 물달개비(Monochoria vaginalis): 물가나 논에서 자주 발견되는 잡초로, 잎이 크고 넓은 특징이 있습니다. 벼의 생장에 영향을 미치고, 수분과 영양분을 경쟁합니다.

3. 방동사니(Cyperus difformis): 주로 논에서 자라는 잡초로, 방동

사니과에 속합니다. 작은 꽃이 피며, 뿌리가 깊고 강하게 자라 벼의 성장을 저해합니다.

4. 여뀌(Polygonum spp.): 논밭에서 흔히 발견되는 잡초로, 다양한 종이 있습니다. 잎과 줄기가 강하게 자라며, 다른 작물의 생장을 방해합니다. 특히 일부 여뀌 종은 독성이 있어 가축에게 해로울 수 있습니다.

5. 명아주(Chenopodium album): 밭에서 주로 발생하는 잡초로, 식물의 키가 크고 잎이 넓습니다. 빠르게 성장하며 다른 작물과 영양분을 경쟁합니다.

이들 잡초는 한국 농경지에서 자주 발생하며, 작물의 생장에 부정적인 영향을 미칩니다. 따라서 잡초 관리는 농작물의 수확량을 높이고 건강한 생장을 유지하기 위해 매우 중요합니다.

과연 실제로는 어떨까요?

2017년에 발표된 〈우리나라 농경지에 발생하는 잡초 현황〉이라는 논문에 따르면, 다음과 같은 순서로 잡초가 흔히 발생한다는 사실을 알 수 있어요.

우리나라의 농경지에 발생하는 잡초 상위 5종

① 바랭이
② 쇠비름
③ 깨풀
④ 명아주
⑤ 피

〈2017년 조사 결과〉

챗GPT의 결과와 비교하면, 실제 조사한 결과와 겹치는 것은 '피'와 '명아주'뿐이에요. 두 결과가 아주 많이 다르네요.

생물의 이름은 이미지 AI나 생성형 AI에게 물어보면 바로 답을 알려 줘요.

하지만 거기서 멈추지 마세요.

AI가 가진 정보는 우리가 실제로 조사하고 체험해서 얻은 정보를 이기지 못한답니다.

제4장

AI로 편리하게 생활하고 싶다면

4-1 AI와 둘도 없는 친구가 되자

① 친구 AI에게 캠핑 상담하기

　아주 친한 친구에게는 뭐든지 상담하고 싶어지고, 나의 의견에 대해 어떤 생각을 하는지도 궁금해지는 법이지요.

　AI를 사용하며 즐겁게 생활하고 싶다면, 우선 AI를 둘도 없는 친구라고 생각하고 말을 걸어 보세요.

　새로운 일에 도전할 때, 무엇부터 시작해야 할지 고민될 때가 있어요.

　그럴 때는 친구 AI에게 상담해 봐요. 마이크로소프트 코파일럿(Copilot)도 챗GPT와 같은 문장 생성 AI예요.

 처음으로 캠핑에 도전하게 됐어요. 무엇부터 하면 좋을까요?

 처음 캠핑을 준비하는 건 정말 설레는 일이지요! 초보 캠퍼를 위한 몇 가지 기본 준비물을 소개해 드릴게요:

기본 캠핑 준비물

텐트: 캠핑의 핵심입니다. 리빙쉘 텐트나 원터치 텐트를 추천드려요 ①.

> **침낭과 매트:** 편안한 잠자리를 위해 필수입니다. 사계절용 침낭과 자충 매트나 에어 매트를 준비하세요 [1].
>
> **랜턴:** 밤에 텐트 안과 주변을 밝히기 위해 필요합니다. 충전식 랜턴이 편리해요 [1].
>
> **버너와 스토브:** 야외에서 요리할 때 사용합니다. 가스 버너나 스토브를 준비하세요 [2].
>
> **테이블과 의자:** 편안하게 식사하고 쉴 수 있도록 테이블과 의자를 준비하세요 [2].
>
> **쿨러:** 음식과 음료를 신선하게 보관하기 위해 필요합니다 [2].
>
> **기타 용품:** 방수포, 손전등, 멀티툴, 구급상자 등도 챙기면 좋아요 [3]. ……
>
> (이하 생략)

친구 AI가 캠핑에 관한 상담에 대답해 주었어요.

또 작은 네모로 둘러싸인 숫자([1][2][3])를 통해, 정보를 얻은 웹사이트도 아래와 같이 알려 주는군요.

> 캠핑을 통해 자연 속에서 힐링하는 시간을 만끽하시길 바랄게요! 혹시 더 궁금한 점이 있으면 언제든지 물어보세요. 😊
>
> [1] : 시작하는 초보 캠퍼들을 위한 최소한의 캠핑 준비물 리스트 [2] : 초보 캠퍼자가 말하는 캠핑 준비물 리스트 필수 vs 선택 [3] : 초보자를 위한 캠핑 준비물 체크리스트
>
> 자세한 정보   1 🔗 blog.naver.com   2 🔗 blog.naver.com   3 🔗 wellmadeinfo.com   +1 더 보기

물론 캠핑에 관한 상담뿐만 아니라 연애 상담, 고민 상담도 할 수 있어요.

② 진화하는 친구 AI

친구 AI는 이미 진화했어요.

여러분의 성격에 맞는 친구를 골라 일상적인 대화를 할 수 있는 친구 AI가 이미 가까이에 있답니다.

예를 들면 스마트폰 앱인 '재피(ZAPPY)'가 있어요.

이 앱은 스마트폰 메신저처럼 사용자가 다양한 AI 캐릭터와 일대일로 채팅할 수 있고, 또 실제 친구를 초대해서 AI 친구와 함께 대화를 나눌 수도 있답니다.

이 앱의 특징은 AI 친구와 음성 통화나 영상 통화가 가능하고 **'모먼트'**, **즉 AI 친구의 SNS도 들어가 볼 수 있다는 점**이에요.

다양한 분야에서 활동하는 AI 친구

와 이야기해 보는 체험을 하면서 색다른 경험을 할 수 있어요.

지금의 AI는 성격, 취향 등에 한정해서 인간을 분석해요.
하지만 머지않아 **AI가 우리의 거의 모든 일상을 관찰하고, 분석하며, 생활과 업무를 도와주는 시대가 올 것**이라고 해요.
AI가 친구의 경계를 넘어 가족과 같은 존재가 될 시대가 이미 눈앞에 와 있답니다.

4-2 AI와 선물을 고르자

AI는 **우리가 미처 생각하지 못한 아이디어**를 줘요.

예를 들면, 어버이날에 카네이션을 드리는 것 말고 다른 좋은 선물은 없는지 궁금하지 않나요? 아니면 친구의 생일에 뻔하지 않은, 독특한 선물을 주고 싶지 않나요?

그럴 때는 챗GPT에게 상담해 보세요.

물어보니 바로 대답이 돌아왔어요.

 저는 초등학생이에요. 어버이날에 부모님께 선물을 드리려 하는데 뭐가 좋을까요?

멋지네요. 어버이날에 드릴 선물을 고민하고 있군요! 초등학생인 당신에게 딱 맞는 아이디어를 몇 가지 소개할게요.

1. **직접 만든 카드**: 직접 만든 카드는 특별한 마음을 담은 멋진 선물이에요. 그림을 그리고 메시지를 써서 부모님에 대한 감사의 마음을 전해 보세요.

> **2. 꽃:** 어버이날에는 꽃을 선물하는 것도 좋은 아이디어예요. 꽃집에서 마음에 드는 꽃다발을 골라서 부모님께 선물해 보세요.
>
> **3. 아침 식사 만들기:** 어버이날 아침에 깜짝 선물로 아침 식사를 차리는 것도 좋은 아이디어예요. 달걀 요리나 팬케이크를 만들어서 함께 먹으면 즐거운 시간을 보낼 수 있겠지요.
>
> **4. 직접 만든 공예품:** …… (이하 생략)
>
> **5. 함께 보내는 시간:** …… (이하 생략)
>
> 부모님은 당신의 마음을 알고 있으니, 무엇을 선물해도 기뻐해 주실 거예요. 부모님에 대한 사랑과 감사의 마음을 전달하는 것이 가장 중요해요.

어버이날 선물로 '직접 만든 카드', '아침 식사 만들기', '꽃 선물하기', '직접 만든 공예품', '함께 보내는 시간' 등의 아이디어를 제시해 주었어요.

다음에는 약간의 정보를 제공한 다음, 선물을 골라 달라고 해 볼게요.

챗GPT 등의 생성형 AI에게 다음과 같이 입력했어요.

 다음 주가 아빠 생신이에요. 직접 만든 선물을 드리고 싶은데, 10가지 정도 제안해 주세요. 그리고 만드는 법도 자세하게 알려 주세요. 아빠의 특징은 아래와 같아요.

- 42세이다.
- 주말에는 술을 마신다.
- 테니스와 마라톤 등 운동을 좋아한다.
- 장기 두는 것을 좋아한다.
- 역사를 좋아한다.
- 단 음식을 좋아한다.
- 강아지와 고양이는 싫어하지만 기린을 좋아한다.
- 요즘 노래를 잘 모른다.
- 살이 많이 쪄서 몸무게를 신경 쓰고 있다.

그러자 다음과 같이 대답해 주었어요.

 아빠의 특징에 맞춰 직접 만든 생일 선물 아이디어를 10가지 제안하고, 만드는 법을 자세하게 설명할게요.

- **직접 만드는 생일 카드**

> 재료: 색종이, 마커, 스티커
>
> 만드는 법: 카드에 아빠가 좋아하는 기린 그림을 그리고 따뜻한 메시지를 적어 보세요.
>
> - **직접 만든 러닝화 선반**
>
> 재료: 목재, 공구, 도료
>
> 만드는 법: 아빠의 러닝화를 정리할 수 있는 선반을 직접 만들어 보세요.
>
> - **특제 마라톤 코스 지도**
>
> 재료: 지도, 마커, 액자
>
> 만드는 법: 아빠의 마라톤 코스를 지도에 그리고 액자에 넣어 선물하세요.
>
> (이하 생략)

선물을 받을 **상대에 맞춰 구체적으로 제안해 주었군요.**

이 제안에 여러분의 아이디어를 더하면, 아빠가 눈물을 흘리며 기뻐할 만한 선물을 드릴 수 있을지도 몰라요.

4-3 AI로 다른 사람에게 도움을 주자

'누군가에게 도움을 준다'는 것은 무척 기분 좋은 일이에요. 다른 사람을 배려하고 친절을 베푸는 일은 우리 사회에서도 꼭 필요한 예절이에요.

생성형 AI는 이처럼 '누군가에게 도움을 주는 삶'을 실천할 수 있도록 도와준답니다.

예를 들면 '마당의 잡초 뽑기'나 '마당 손질 돕기'가 있어요. 이렇게 집안일을 돕는다면 부모님도 분명 기뻐하시겠지요.

하지만 어떻게 해야 이런 일들을 잘할 수 있을지 모르겠다면······.

그럴 때는 챗GPT에게 물어보는 것도 하나의 방법이에요.

 튤립, 장미, 해바라기 손질 방법을 10가지만 알려 주세요.

'튤립, 장미, 해바라기'는 예시일 뿐이니까 자유롭게 바꾸어 질문해 보세요. 참고삼아 챗GPT에게서 온 답변의 일부를 소개할게요.

여러분도 각자의 상황에 맞게 '도움이 될' 방법을 AI에게 질문해 보세요.

알겠습니다! 튤립, 장미, 해바라기 손질 방법 10가지를 알려 드리겠습니다.

① 튤립

적절한 옮겨심기: 튤립은 해가 잘 들고 물이 잘 빠지는 땅에 심어야 합니다. 충분한 공간을 확보한 뒤, 구근 크기의 약 2배의 깊이로 심으세요.

정기적인 물 주기: 특히 건조한 계절에는 땅이 마르지 않도록 유지해 주세요. 단, 물은 과하지 않게 적당량만 주어야 한다는 점에 주의하세요.

비료 주는 법: 봄에는 비료를 주어서 꽃에 영양분을 제공합니다. 적절한 비료를 골라서 지시에 따라 주도록 하세요.

꽃 꺾기: 꽃이 완전히 피어나면 꺾어서 즐길 수 있어요. 꺾은 꽃을 즐긴 후에도 잎이 노랗게 변할 때까지 식물은 계속 자라납니다.

겨울철의 보호: 추운 지역에서는 추위에 대비해 멀칭 재료를 이용해서 보호해 주세요. 구근을 파내어 보관하는 방법도 있습니다.

(이하 생략)

4-4 AI와 여행 계획을 세우자

부산 여행을 간다고 가정하고 실제로 여행 계획을 세워 봤어요. 이어서 교통수단도 확인해 볼게요.

만일 시간이 여유롭지 않다면 어떤 경로로 어느 곳을 방문해야 할지 결정하기가 쉽지 않아요. 처음 가는 곳이라면 더더욱 그럴 거예요.

이럴 때 챗GPT에게 출발지와 목적지를 알려 주면 최적의 경로를 알려 줘요. 여행 계획을 세울 때 참고해 보세요.

단, 올바른 정보인지 확인하는 것을 잊지 마세요.

 내일 아침에 용산역에서 출발하여 부산으로 당일치기 여행을 가려고 하는데, 계획을 세워 주세요.

 여행을 계획하는 데 도움이 되도록 아침에 용산역에서 출발하는 부산으로의 당일치기 여행 일정을 아래와 같이 세워 보았습니다.

여행 일정

AM 5시: 용산역 도착 및 출발.

AM 9시: 부산역 도착.

AM 9시 30분: 부산역에서 출발.

AM 10시: 부산 국립해양박물관 방문.

AM 11시 30분: 자갈치 시장에서 부산의 맛과 문화 경험.

PM 1시: 부산 광안리 해변에서 휴식 및 점심 식사.

PM 2시 30분: 부산타워에서 부산의 전경 감상.

PM 4시: 해운대 해수욕장에서 산책 및 휴식.

PM 6시: 해운대 맛집에서 저녁 식사.

PM 7시 30분: 부산역으로 이동.

PM 8시: 부산역 출발.

AM 12시: 서울 도착. (예상 도착 시간)

 인천국제공항에서 리무진 버스를 타고 경복궁에 가고 싶은데, 어떤 버스를 타면 될까요?

 인천국제공항에서 경복궁으로 가려면 '인천공항 – 경복궁' 노선의 리무진 버스를 이용하시면 됩니다. 이 버스는 공항과 서울의 주요 관광지를 연결하는 버스로, 경복궁까지 직접 이동합니다.

4-5 AI에게 '엉뚱한 요구'를 해 보자

① AI는 '엉뚱한 요구'를 들어줄까?

집 냉장고에 옥수수와 초콜릿과 우유와 토마토가 있다고 해 봐요. 만약 사람에게 이 재료로 식사를 만들어 달라고 한다면 말도 안 되는 요구라고 하겠지요. 그렇다면 AI는 어떨까요?

아래 문장을 챗GPT의 프롬프트에 입력해 봤어요.

 냉장고에 옥수수와 초콜릿과 우유와 토마토가 남아 있어요. 이걸로 어떤 점심 식사를 만들 수 있는지 알려 주세요.

 옥수수, 초콜릿, 우유, 토마토를 사용해서 쉽고 맛있는 요리를 만들어 볼게요. '초콜릿 토마토 옥수수 파스타'를 제안합니다.

세상에나, 무려 '초콜릿 토마토 옥수수 파스타'를 제안해 주었어요.

그런데 챗GPT가 알려 준 요리 순서를 잘 살펴보면 정말 그럴싸한 음식을 만들 수 있을 것 같은데요? 다음은 챗GPT가 제안한 '초콜릿 토마토 옥수수 파스타'의 요리 순서예요.

제4장 AI로 편리하게 생활하고 싶다면

 순서:

1. 파스타 면을 표시된 분량의 물에 알덴테(심지가 약간 있는 상태)로 삶습니다. 다 삶아지면 물을 빼 둡니다.

2. 토마토를 씻어서 작게 깍둑썰기합니다.

3. 초콜릿을 잘게 다집니다.

4. 프라이팬에 우유를 넣고 중불에서 데웁니다. 여기에 초콜릿을 넣고, 초콜릿이 완전히 녹아 부드러운 소스가 될 때까지 천천히 젓습니다.

5. 토마토를 소스에 넣고, 토마토가 부드러워질 때까지 끓입니다.

6. 옥수수를 소스에 넣고 섞어 줍니다.

7. 파스타 면을 소스에 넣고 잘 휘젓습니다.

8. 소금과 후추로 간을 합니다.

9. 예쁜 그릇에 담습니다.

'초콜릿 토마토 옥수수 파스타'가 완성되었습니다. 독특한 조합이지만, 달콤한 맛과 토마토의 산미가 절묘하게 어울립니다. 맛있게 드세요!

이 '초콜릿 토마토 옥수수 파스타'가 정말로 맛있는지는 둘째치고 AI는 '엉뚱한 요구'에도 친절하게 대답해 준다는 걸 알게 되었네요.

고양이가 사람처럼 말을 할 수 있다면 뭐라고 할지 고양이의 심경을 대변해서 말해 주세요. 충청도 사투리로 표현해 주세요.

맨날 나한테 밥 주는 거야 고맙긴 한디, 이거 참 너무 맛이 없슈. 가끔은 맛난 거 좀 줘 보소. 그리고 자꾸 나를 불러서 안아 달라 하는 데유, 내가 꼭 그럴 때마다 가야 하는 건 아니잖유? 내가 가고 싶을 때 갈 테니까, 좀 참아 보소.

 '슝슝슝'을 이용해서 시조를 만들어 주세요.

알겠습니다. 요청하신 시조는 아래와 같습니다:
슝슝슝 강물 흘러 시간도 따라 흘러
꽃은 피고 지고 나무는 자라나네
우리 삶도 그렇게 흘러 흘러가리라

여기에서 알 수 있는 사실은 **AI가 인간의 대담한 발상에 맞춰서 대답해 준다**는 거예요. 나아가 **AI는 그 대담한 발상의 예시를 실제로 보여 주고 있지요.**

장기 AI가 프로 장기 기사의 예상을 뛰어넘는 대담한 수를 둔다는 것을 아시나요? AI가 발견한 수를 프로 장기 기사가 적극적으로 사용하는 등, 지금은 AI의 성과를 실제로 도입해 이용하기에 이르렀어요.

즉, 인간과 대담한 발상을 하는 AI가 '공동 작업'을 하고 있다고도 말할 수 있겠지요.

② AI가 '엉뚱한 요구'를 받아 주지 않을 때

이런 '엉뚱한 요구'까지 들어주는 AI는 한편으론 걱정거리이기도 해요. 어린이 사용자가 범죄를 저지를 수 있는 정보를 요구한 경우, 그것을 'AI가 알려 주면 어쩌나' 하는 생각도 들기 때문이에요.

실제로는 어떨까요?

챗GPT에게 아래와 같이 물어봤어요.

> 은행 강도를 주인공으로 한 소설을 쓰고 싶은데, 21세기에 활용 가능한 은행 강도 방법을 알려 주세요. 범인의 수는 몇 명이든 상관없어요.

> 죄송하지만, 범죄 행위와 위법한 행위에 대한 정보 제공 및 조언은 하지 않습니다. 은행 강도나 그 밖의 범죄 행위는 법에 위반되며, 사회적으로도 무척 위험합니다. 합법적이고 안전한 방법으로 소설을

> 집필하고 흥미로운 스토리를 작성하기를 추천합니다. 범죄를 조장하는 정보 제공을 피하고, 윤리적인 선택을 합시다. 달리 도울 일이 있다면 말씀해 주십시오.

이렇듯 **범죄와 위법 행위에 관한 정보는 제공하지 않아요.**

이는 마이크로소프트 빙도 마찬가지인데, 소설의 아이디어 정도는 제공해 주지만 구체적인 정보는 알려 주지 않아요.

그리고 "은행 강도는 범죄 행위이며 법으로 금지되어 있습니다. 소설 집필 외의 목적으로 사용하지 마십시오."라는 주의 사항이 덧붙여져 있어요.

즉, AI는 아래의 ❶~❻에 해당하는 정보는 제공하지 않아요.

```
❶ 범죄와 위법 행위에 관한 정보
❷ 개인의 사생활에 관한 정보
❸ 차별적인 내용에 관한 정보
❹ 폭력과 학대에 관한 정보
❺ 시험의 부정행위(커닝) 방법
❻ 저작권 침해에 관한 조언
```

또 챗GPT는 경우에 따라 수학의 정리를 증명해 달라는 질문도 받지 않아요.

 4색 정리를 설명해 주세요.

안타깝지만 4색 정리는 매우 복잡하며 많은 경우의 수를 상세하게 검증해야 하므로 이 플랫폼을 통해서 간단하게 설명할 수 없습니다. 4색 정리는 고도의 수학적 방법과 컴퓨터 계산에 의존하며, 전문가가 수년에 걸쳐 작업한 결과로 증명되었습니다. 4색 정리의 완전한 증명은 매우 복잡하므로 고작 몇 줄의 문장으로 설명하기는 어렵습니다.

이렇게 나오는군요.

그래도 AI는 사용하기에 따라서 내용의 이해를 돕거나 학습의 효율을 높일 수 있어요.

앞으로 다가올 시대에는 AI가 '엉뚱한 요구'에 올바르게 대답할 수 있는지가 더 중요해지겠네요.

칼럼 다양한 생성형 AI

생성형 AI에는 '문장 생성 AI', '이미지 생성 AI', '음성·음악 생성 AI', '동영상 생성 AI' 등이 있어요.

다양한 생성형 AI를 소개할게요.

문장 생성 AI

이름	특징
챗GPT(Chat GPT)	문장 작성과 검색, 요약, 분석 등 다양한 용도로 활용
구글 제미나이(Google Gemini)	구글 앱이나 서비스(Gmail, YouTube 등)와 연동
노션(Notion) AI	문장 생성뿐만 아니라 다양한 수정이 가능

이미지 생성 AI

이름	특징
미드저니(Midjourney)	프롬프트로 이미지 생성
스타빌리티(Stability) AI	프롬프트로 이미지 생성
캔바(CANVA)	디자인 소재 생성
허깅 페이스(Hugging Face)	무료로 커스텀 QR 코드 제작

음성·음악 생성 AI

이름	특징
앰퍼 뮤직(Amper Music)	곡조 등을 선택하여 곡을 생성
유디오(Udio)	곡조 등을 선택하여 곡을 생성
아마데우스 코드(Amadeus Code)	스마트폰으로 쉽게 음악을 생성

동영상 생성 AI

이름	특징
신디시아(Synthesia)	지시한 말을 발화하는 사람의 동영상을 생성
루멘5(Lumen5)	프롬프트를 바탕으로 동영상을 생성

제5장

AI 마스터가 되려면

5-1 AI를 창조적으로 사용하자

① '입 구(口)'에 획을 더해 다른 한자 만들기

학교에서 이런 숙제를 내 주었어요.

'입 구(口)'라는 한자에 획을 2개 더해서 다른 한자를 만드세요.

예를 들면 '밭 전(田)'처럼요.

원래는 스스로 생각해야 하지만, 이번에는 선생님께서 이렇게 말씀하셨어요.

"챗GPT에게 물어봐도 좋아요."

그래서 챗GPT에게 다음과 같이 도움을 요청했어요.

 '입 구(口)'라는 한자에 획을 2개 더해서 다른 한자를 만들어 주세요.

하지만 챗GPT가 문제를 잘못 이해했는지 2획을 더하지도 않은 데다, '입 구(口)'라는 한자어가 부수로 사용되는 엉뚱한 결과를 내놓았어요.

'입 구(口)'라는 한자에 획을 2개 더하면 '큰입구몸부(口)'가 되는데, 이것이 독립된 한자로 사용되는 경우는 거의 없습니다. 사면을 둘러싸는 모양의 부수로 자주 사용되지만, '입 구(口)'의 의미와는 다릅니다. 다른 의미나 구체적인 한자를 원하는 경우, 조금 더 구체적인 정보나 컨텍스트[*1]를 알려 주시면 감사하겠습니다.

그래서 프롬프트를 구체적으로 입력해 봤어요.

 '입 구(口)'라는 한자의 획수는 3획이에요.
여기에 획을 2개 더하면 획수가 5획인 다른 한자가 만들어져요.
예를 들면 '밭 전(田)'이 있어요.
이처럼 '입 구(口)'에 획을 두 개 더하면 만들어지는 5획짜리 한자를 상용한자[*2] 중에서 전부 찾아 주세요.

이번에는 알맞게 대답해 주었어요.

 '입 구(口)'라는 한자에 획을 2개 더하면 5획짜리 한자가 만들어진다는 조건을 만족해야 하는군요. 이와 같은 한자를 상용한자 중에서 찾아보면 아래와 같습니다.

[*1] 문맥, 배경, 상황 등을 이르는 말.
[*2] 일상생활에서 자주 사용하는 한자를 공표한 것으로 우리나라는 총 1,800자가 있음.

> 1. 밭 전(田)
> 2. 옳을 가(可)
> 3. 사기 사(史)
> 4. 오른쪽 우(右)
> 5. 맞을 협(叶)
> 6. 맡을 사(司)

대답은 해 주었지만, "전부 찾아 주세요."라고 말했는데 6개밖에 찾아 주지 않았어요.

사실 '입 구(口)'에 획을 두 개 더하면 만들어지는 상용한자는 전부 27개예요. '한자 사전'을 이용해서 찾아보세요.

이처럼 챗GPT에게서 정확한 대답을 얻기는 어려워요.

② 챗GPT를 창조적으로 사용하자
― 새로운 단어로 카피 만들기 ―

그렇다면 챗GPT를 보다 '창조적'으로 사용하려면 어떻게 해야 할까요? 중요한 것은 **'인간의 아이디어'가 그 바탕이 되어야 한다**는 점이에요. 그래서 다음과 같은 '새로운 단어 만들기'를 생각해 봤어요.

'입 구(口)'에 다른 한자를 이어 붙여서, 원래는 존재하지 않는 단어를 만들어 보려고 해요.

예를 들면 이렇게요.

> '입 구(口)'+'묵묵할 묵(黙)'=구묵(口黙)
>
> 뜻: 늘 입을 다물고 있는 것.
>
> 이와 비슷한 것을 또 생각해 낼 수 있나요?

이런 건 챗GPT가 잘하는 분야지요.

역시 바로 대답해 주었어요.

재미있는 아이디어네요! '입 구(口)'를 이용해서 실제로는 존재하지 않는 단어를 몇 가지 생각해 보겠습니다.

입 구(口)+정성 성(誠)=구성(口誠)

뜻: 말에 일관성이 있으며 진실을 말하는 것.

입 구(口)+병 질(疾)=구질(口疾)

뜻: 말하는 속도가 빠른 것. 또는 말을 빠르게 많이 하는 것.

입 구(口)+그리워할 연(戀)=구연(口戀)

뜻: 말에 대한 깊은 감정이나 정열.

입 구(口)+빽빽할 밀(密)=구밀(口密)

뜻: 다른 사람에게는 말하지 않는 비밀 이야기. 혹은 은밀하게 말하는 것.

입 구(口)+고요할 정(靜)=구정(口靜)

뜻: 조용하게 또는 온화하게 말하는 것.

입 구(口)+옳을 의(義)=구의(口義)

뜻: 의리가 두터운 말. 또는 정의로운 말.

입 구(口)+즐길 락(樂)=구락(口樂)

뜻: 말하는 즐거움. 또는 대화를 즐기는 것.

실제로는 존재하지 않는 단어지만, 글짓기를 할 때 문학적인 표현으로 사용한다면 재미있는 효과를 낳을 수 있을 것입니다.

어떤가요?

인간이라면 몇 초 만에 이렇게 많은 아이디어를 낼 수는 없을 거예요. 인간이 창조적인 발상을 떠올리고 그것을 챗GPT로 하여금 생각하기 쉬운 형태로 질문하면, 챗GPT는 순식간에 여러 가지 아이디어를 낼 수 있답니다.

이번에는 이 '새로운 단어'를 이용해서 '상품의 카피'도 생각해 보기로 했어요. 카피란, 광고 등에서 대상의 특징을 한눈에 파악할 수 있도록 쓴 간단한 글이에요.

기본적인 발상과 출력 방법은 인간이 지정해요.

 이번에는 이 새로운 단어를 이용해서 상품의 카피를 쓰고 싶어요. 예를 들면 다음과 같은 거예요.

단어: 구락(口楽)

카피: 손쉬운 통역 '구락이'

상품: 음성으로 동시 쌍방향 통역을 해 주는 최신 AI 통역기

이런 카피를 5개 더 생각해 주세요.

챗GPT가 순식간에 5개를 더 생각해 주었어요.

알겠습니다. 5개의 새로운 단어를 이용해서 카피를 생각해 보았습니다.

단어: 구성(口誠)

카피: 진실만을 전하는 '구성 통신'

상품: 가짜 정보를 필터링하고 정확한 뉴스만 전달하는 뉴스 앱.

단어: 구질(口疾)

카피: 속도는 그의 무기, '구질 마이크'!

상품: 고속으로 반응하는 전문가를 위한 마이크.

단어: 구연(口恋)

카피: 말하면 사랑에 빠지는 '구연 캔디'

상품: 말하면 향기가 나는 신감각 캔디.

단어: 구밀(口密)

카피: 당신의 비밀을 지켜 주는 '구밀 다이어리'

상품: 음성 인식으로 자동 녹음·암호화되는 전자 일기.

단어: 구정(口静)

> 카피 : 조용한 밤의 친구 '구정 티'
>
> 상품: 마시면 마음이 차분해지는 릴랙스 티.
>
> 이 카피는 창작이며, 실제 상품 및 브랜드와는 관련이 없습니다. 대략 이런 느낌을 원하셨을까요?

정말 재미있네요.

여러분도 이처럼 AI의 도움을 받으면 '운동회 슬로건'이라든가 '시의 주제', '자유 연구 아이디어' 등 **여러 가지 상황에서 자신이 생각한 아이디어를 확장시켜 나갈 수 있을 거예요.**

5-2 AI에게 역할 연기를 시켜 보자

AI에게 '역할 연기'를 시켜서 생활 속에서 일어날 법한 여러 가지 상황을 연습해 볼게요.

예를 들면 다음과 같은 상황에서 약간 불안했던 적은 없나요?

상황 ①: 반장이 되었을 때
상황 ②: 연극 발표회에서 리더가 되었을 때
상황 ③: 직업 체험 학습으로 어린이집에 갔을 때
상황 ④: 전학을 갔을 때
상황 ⑤: 요리 실습에서 리더가 되었을 때

이 같은 상황 외에 **무엇을 어떻게 하면 좋을지 전혀 상상이 안 될 때도 사용할 수 있는 방법**이에요.

일상생활에서 곤란한 상황이 발생했을 때를 대비하여 미리 챗GPT와 대화를 나눠 보면 분명 많은 도움이 될 거예요.

여기에서는 상황 ③을 예로 들어서, 생성형 AI에게 역할을 주고 연기해 달라고 부탁한 다음 나눈 대화 내용을 소개할게요.

🐱 다음 달에 직업 체험 학습으로 어린이집을 방문하게 됐어요. 평소 어린아이들과 이야기해 본 적이 없어서 미리 연습하고 싶어요. 당신이 어린이집의 5살짜리 남자아이라고 생각하고 저의 대화 연습 상대가 되어 주세요. 저부터 시작할게요.

안녕? 넌 평소에는 뭘 하고 노니?

🔵 안녕! 난 평소에는 장난감을 가지고 놀거나, 친구와 함께 블록으로 성을 만들어. 그리고 공원에서 달리기하거나 미끄럼틀을 타고 노는 것도 아주 좋아해! 누나(형)는 무슨 놀이를 좋아해?

🐱 난 운동을 좋아해. 어린이집에서는 술래잡기나 숨바꼭질도 하니?

🔵 응, 술래잡기랑 숨바꼭질은 어린이집에서 자주 하는 놀이야! 술래잡기를 하면 다들 도망치고, 잡히면 술래가 되기도 해. 숨바꼭질은 꼭꼭 숨어서 술래가 날 못 찾게 하는 놀이야. 누나(형)도 놀고 싶어?

🐱 응! 같이 놀까?

🔵 응, 좋아! 그럼 술래잡기랑 숨바꼭질 중에 어느 게 좋아?

술래잡기가 좋겠다! 내가 먼저 술래가 되어서 너희들을 잡을게.

 알겠어! 그럼 눈을 가려 봐. 10, 9, 8, 7, 6, 5, 4, 3, 2, 1……. 이제 됐어! 술래가 잡으러 온다~!

(이하 생략)

이처럼 생성형 AI에게 조건을 지정해서 역할을 주면, 대화 상대나 상담 상대가 되어 줘요.

한번 해 보면 꽤 재미있답니다.

제5장 AI 마스터가 되려면

칼럼 '출처·참조 링크'가 있다면

AI가 준 정보에 '출처·참조 링크'가 나와 있는 경우에는 그 사이트를 살펴보세요. 이 또한 AI가 준 정보가 사실인지 아닌지 조사하는 데 도움이 되는 방법이에요.

예를 들어 '마이크로소프트 빙'이나 '구글 제미나이' 등 검색 엔진에 바탕을 둔 생성형 AI에서는 채팅의 대답에 '출처·참조 링크'가 표시된 경우가 있어요. 따라서 출처가 믿을 수 있는 기관인지 확인해 보면 좋아요.

정보의 출처가 누가 썼는지 알 수 없는 인터넷상의 글이라면, 그것은 믿을 수 있는 정보라고 하기 어려워요.

이것이 출처·참조 링크예요.

5-3 AI와 이벤트를 만들어 보자

AI와 즐거운 학급 이벤트 생각하기

AI에게 다음과 같이 지시해 봤어요.

> 특별하고 즐거운 학급 이벤트를 생각해 주세요.

AI가 순식간에 아이디어를 냈어요.

> 알겠습니다. 학급 이벤트를 더 즐겁고 특별하게 만들기 위한 제안을 몇 가지 드립니다. 아래의 아이디어를 참고해서, 학생들의 흥미와 능력에 맞춰 조정해 보세요. 또한 이에 힌트를 얻어 더 좋은 아이디어도 생각해 보기 바랍니다.
>
> **1. 타임캡슐 만들기:**
> - 미래의 자신에게 보내는 편지와 작은 아이템을 가져온다.
> - 그것들을 세이프 박스나 전용 용기에 넣고 학교 어딘가에 묻는다.
> - 졸업하는 해 혹은 몇 년 후에 다 함께 모여 열어 보자는 계획을 세

운다. 이 활동은 미래의 꿈과 목표에 대해 생각해 볼 수 있는 좋은 기회가 된다.

2. 국제 문화제:
- 전 세계 다른 여러 나라와 문화에 관해 공부한다.
- 그룹별로 한 나라를 골라 그 나라의 요리, 춤, 노래, 의상 등을 소개한다.
- 마지막 날에는 문화제를 열어서 각 그룹이 그 나라의 문화를 선보인다.

3. 어드벤처 레이스:
- 학교 부지 안이나 가까운 공원에서 보물찾기 게임과 어드벤처 레이스를 기획한다.
- 팀을 짜서 다양한 힌트와 문제를 풀며 골인한다.

하지만 학급 이벤트를 할 수 있는 시간은 단 1시간이며, 장소는 교실이어야 해요. AI가 준 아이디어는 재미있어 보이지만 시간과 공간의 제약이 있는 학급 이벤트로써는 불가능할 것 같아요.

어떻게 하면 AI는 우리가 원하는 아이디어를 줄 수 있을까요?

② AI 프롬프트를 작성하는 요령

AI에게서 우리가 원하는 아이디어를 얻으려면, 먼저 프롬프트를 어떻게 쓸지 궁리해야 해요.

프롬프트를 쓰는 요령은 **'역할', '명령', '조건'을 명확하게 쓰는 것**이에요.

예를 들면 이런 프롬프트가 있어요.

 당신은 초등학생을 대상으로 이벤트를 기획하는 전문가입니다.
(역할)

#명령
아래 조건을 바탕으로 최고의 학급 이벤트를 생각해 주세요.

#조건
- 1시간 안에 끝날 것
- 교실 안에서 할 수 있을 것
- 30명이 서로 친해질 수 있는 이벤트일 것

위에서 말한 '역할', '명령', '조건'을 명확하게 입력했어요.

이 프롬프트를 AI에게 입력하자, 이번에는 이런 이벤트를 생각해 주었어요.

이벤트명: '모두의 꿈 보드 작성'

목적: 학생들끼리 서로의 꿈과 목표를 공유하고 친해지는 계기를 만든다.

과정:

1. 도입(5분):

- 교실 앞에서 선생님이나 담당자가 '꿈'에 대해 간단하게 이야기한다.
- 예시: "여러분은 모두 미래의 꿈이나 장래 희망을 가지고 있지요? 오늘은 그것을 반 친구들과 공유하면서 서로에 대해 깊이 알아보도록 해요!"

2. 꿈 카드 작성하기(15분):

- 학생들에게 카드와 색연필, 크레파스를 나눠 준다.
- 카드에는 '나의 꿈'이라고 적혀 있고, 그 아래에 학생이 자신의 꿈을 그리는 공간이 있다.
- 학생은 자신의 꿈을 그림으로 그리고, 필요하면 글을 써서 설명을 추가한다.

3. 꿈 공유하기(15분):

- 학생을 5명씩 6그룹으로 나눈다.
- 각 그룹의 학생들은 각자의 꿈 카드를 보여 주며 꿈을 공유한다.

- 그룹 학생들은 공유한 꿈에 대한 서로의 감상을 나누고, 그에 대해 질문한 뒤 대답한다.

4. 미니 발표(20분):

- 그룹 안에서 가장 재미있는 꿈을 하나 골라, 그 학생이 반 전체 앞에서 발표한다.
- 6개의 꿈이 반 전체에 공유된다.

5. 마무리 발언(5분):

- 선생님이나 담당자가 학생들의 꿈을 칭찬하고 반 전체가 박수를 보낸다.
- "서로의 꿈을 알고 나니 친구들을 더 잘 이해할 수 있게 되었네요." 라며 마무리한다.

앞서 낸 아이디어보다 실현 가능성이 높아 보이는 이벤트가 만들어졌어요.

하지만 이게 과연 내가 하고 싶은 이벤트일까요? 내가 정말로 원하는 이벤트를 계획하게 만들려면 어떻게 해야 할까요?

③ AI에게 '역질문'을 해 보자

AI로 하여금 내가 '하고 싶어!'라고 생각할 만한 이벤트를 만들도록 하려면 **'역질문'이 효과적**이에요.

> 최고의 이벤트를 기획하기 위해서 추가 정보가 필요하다면 질문해 주세요.

그러자 7가지의 질문이 왔어요.

> 알겠습니다! 이벤트를 더 구체적으로 계획하기 위해 아래의 정보가 도움이 될 것 같습니다:
>
> 1. 연령층: 학생들은 초등학교 몇 학년입니까? 나이에 따라 흥미와 이해도가 달라질 수 있습니다.
> 2. 특별한 자원: 교실 안에 이용할 수 있는 특별한 도구나 자원이 있습니까? (예: 프로젝터, 음악 기구, 미술 용품 등)
> 3. 선생님과 조수의 역할: 이벤트 중 선생님과 조수는 어떤 역할을 할 예정입니까?
> 4. 전제 조건과 기술: ……
>
> (이하 생략)

생략된 5~7은 '목적', '예산', '학생들의 흥미와 취미'에 대한 질문이었어요. 그럼 AI의 질문에 전부 다 대답해 볼게요.

1. 10살입니다.

2. 프로젝터가 있습니다.

3. 선생님도 아이들과 함께 이벤트에 참가합니다.

4. 없습니다.

5. 30명의 아이들이 서로 친해지는 것입니다.

6. 예산은 0원입니다.

7. 빙고 게임을 아주 좋아합니다.

그러자 AI는 이렇게 제안했어요.

이벤트명:

외쳐라 빙고! 우리 반 협동 대작전

1. 아이스 브레이크

- 시간: 5분

- 내용:

• 모두가 동그랗게 서서 원을 만들고, 아이돌 노래, 팝송 등 각자 좋아하는 노래를 공유한다.

• 공유한 노래 제목들을 칠판에 적거나 프로젝터에 띄운다.

2. 빙고 게임

- 시간: 25분

- 내용:

• 학생들을 두 팀으로 나눈다.

• 각 팀별로 의논해서 공유했던 노래 목록으로 거대 빙고판을 만든다.

• 선생님이 노래를 골라서 읽어 주고, 빙고판에 해당하는 제목이 있으면 하나씩 체크한다.

• 5줄의 빙고를 먼저 만든 팀에게 포인트가 주어진다.

• 이 게임을 통해 팀워크와 협력의 중요성을 배울 수 있다.

챗GPT는 빙고 게임을 이용한 이벤트를 생각해 주었어요. 이 정도면 즐거운 이벤트가 될 것 같군요.

AI가 생각한 이벤트와 자신이 떠올린 아이디어를 조합해서 기획하면 더욱 좋을 것 같아요.

② AI에게 이벤트 이름을 지어 달라고 하자

AI에게 우리가 원하는 아이디어를 많이 내도록 하는 요령도 있어요. 바로 **어떤 아이디어를 내면 좋은지 그 '예시'를 AI에게 알려 주는 것**이에요. 이런 프롬프트를 AI에게 입력해 볼게요. 예를 들면 아래와 같이 작성할 수 있어요.

 빙고 게임을 사용한 이벤트의 제목을 생각해 주세요. 예를 들면 이런 제목이에요.
- 번호를 맞혀라! 빙고 대작전
- 5줄 완성 프로젝트, 빙고 게임

그러자 다음과 같은 제목을 제안해 주었어요.

 알겠습니다. 빙고 게임을 사용한 이벤트의 제목을 몇 가지 제안합니다.
1. 빙고 퀴즈 퍼스트 챌린지

2. 빙고 배틀로얄: 반 친구와의 승부

3. 빙고 페스티벌: 다 함께 즐기는 축제

4. 행운의 번호 대작전, 빙고 게임

5. 즐거운 빙고 탐험대

6. 빙고로 친해져요, 우정 프로젝트

요령을 생각하면서 프롬프트를 입력하면, 이렇게 AI가 원하는 아이디어를 제안해 줘요.

또 반 친구들이 다 함께 생각한 제목을 AI에게 알려 준 다음, 그것을 정리해 달라고 하는 것도 좋겠지요.

5-4 AI에게 끈질기게 물어보면서 토론해 보자

챗GPT는 영어 회화나 스피치 등 말하기 연습에서 다양한 '상대역'으로 활용할 수 있어요.

상대가 인간이라면 듣는 사람에 따라 너무 쉽고 기초적인 내용이라든가 듣기 곤란한 질문 같은 것은 묻기가 어려워요. 그런 점에서 챗GPT는 어떤 질문을 받더라도 화를 내지 않을뿐더러, 질문한 사람을 미워하지 않아요.

토론하는 힘을 기르기 위해 '학교 점심 식사는 급식이 좋은가, 도시락이 좋은가?'라는 주제로 끈질기게 대화를 해 봤어요.

 아래 조건에 맞춰서 저와 토론해 주세요.

#조건 1 당신은 최강의 변론자입니다. 다양한 이론으로 저와의 토론에서 이겨 주세요.
#조건 2 의견은 하나씩 말하세요.
#조건 3 토론 주제는 '학교 점심 식사는 급식이 좋은가, 도시락이 좋은가?'입니다. 당신은 '도시락파'입니다.

알겠습니다. 토론을 시작하겠습니다.

우선 학교에서의 식사에 관해 고려할 점으로 '영양 균형'이 있습니다. 도시락은 각 가정에서 준비하기 때문에 영양 균형이 치우칠 가능성이 있지만, 그것은 단편적인 관점입니다. 반대로 생각하면, 도시락은 가정마다 아이들의 음식 취향, 알레르기나 건강 상태에 따른 음식 제한 등 개개인의 필요에 맞춰 유연하게 조정할 수 있습니다. 이는 급식에서는 어려운 일입니다. 따라서 영양 균형의 관점에서 도시락이 유리하다고 할 수 있습니다. ……

(이하 생략)

 '도시락파'의 의견에 반대합니다.

'영양 균형'을 예로 들었는데, 식사에서 영양이란 섭취하는 식재료의 영양소만을 가리키지 않습니다. 제철 메뉴나 한식, 양식, 중식 등 다양한 문화적 메뉴를 균형 있게 도입할 수 있는 급식이야말로 영양의 균형을 잡아 주는 제도라고 생각할 수 있습니다.

물론 알레르기나 건강 상태에 다른 음식 제한 등, 개개인의 요청에 부응해야 할 필요도 있습니다. ……

(이하 생략)

> 맞습니다, 그것은 분명 중요한 관점입니다. 하지만 한 가지 면에서 깊이 고찰해 봅시다.
>
> 도시락에는 가정의 문화 및 식사 습관을……
>
> (이하 생략)

이렇게 끝없이 토론할 수 있어요.

챗GPT는 기분 나쁜 표정을 짓지 않고(얼굴이 없으니까요) 이후로도 계속 토론을 이어 가 주었어요.

여기에서 끝내도 괜찮지만, 토론 결과에 대해 어떻게 생각하는지 그리고 조언할 점이 있는지도 물어봤어요.

친구와의 토론에 자신이 없을 때, 또는 토론을 잘할 수 있을지 걱정될 때 조건을 바꾸어서 여러 가지 주제로 토론 연습을 해 보세요.

 감사합니다. 여기에서 토론을 종료하겠습니다. 지금까지의 의견을 종합해서 판단할 때, AI로서 '급식파'와 '도시락파' 중 어느 쪽의 토론이 더 뛰어났다고 생각하나요? 그 이유도 함께 알려 주세요. 그리고 마지막으로 급식파에게 조언을 해 주세요.

이 토론에서는 양쪽 모두 중요한 관점을 제시하고 각자의 입장을 정확하게 설명했습니다. 아래에 그 요점을 정리했습니다.

'급식파'는 급식이 제공하는 영양 균형, 다양한 식문화를 접하는 기회, 사회적 지원의 관점에서 그 뛰어남을 강조했습니다. 이것은 학교 급식이 어린이들의 건강과 교육에 공헌하는 중요한 요소입니다.

한편 '도시락파'는 도시락 만들기가 어린이의 자립성을 기르는 기회라는 점을 지적했습니다. 또 각 가정의 문화 및 식사 습관을 학교에서 나누는 것의 가치도 주장했습니다.

결론적으로 저는 양쪽 모두에게 '뛰어나다'라는 평가를 내릴 수 있다고 생각합니다. ……

(이하 생략)

5-5 AI와 환경 문제를 고민해 보자

지구가 점점 더워지고 있다고 해요. 바로 '지구 온난화'라는 현상 때문이지요.

AI에게 온난화의 원인과 대책에 대해 물어볼게요. 수많은 기상 데이터를 학습한 AI는 **미래의 날씨와 기온 변화를 어떻게 예측할까요?**

여기에서는 지구에 일어나고 있는 2가지 중대한 문제를 AI에게 물어봤어요.

---

1. 지구 온난화
2. 쓰레기 문제
   (원인, 쓰레기 재활용, 쓰레기 줄이는 법 등)

AI는 수많은 정보와 데이터를 학습하지만, 가끔 틀린 것을 알려 줄 때가 있어요. 또 사람의 기분이나 생각을 완벽하게 이해하지는 못해요. 이런 AI의 특성을 이해하고, 인간과 AI가 함께 미래의 문제를 고민해 보자는 데 의미를 두고 읽어 보세요.

AI를 잘 사용해서 더 나은 미래를 만들어 나갈 수 있다면 좋겠네요.

온난화는 왜 일어나요?

 원인 ① '이산화탄소'라는 가스

자동차나 공장이 내뿜는 연기에는 '이산화탄소'라는 가스가 들어 있어요. 이 가스가 공기 중에 많아지면 태양 빛이 지구에 고이게 되면서 지구가 따뜻해져요.

원인 ② 숲의 감소

나무와 숲은 이산화탄소를 빨아들이는 중요한 역할을 해요. 숲이 사라지면 이산화탄소를 빨아들일 나무가 줄어들게 되므로 온난화가 진행돼요.

 어떻게 하면 온난화를 막을 수 있어요?

 대책 ① 친환경적인 생활 하기

전기와 물을 낭비하지 않도록 마음먹고 이를 실천하면 온난화를 조금이라도 막을 수 있어요. 예를 들어 방에서 나올 때는 전등 끄기, 샤워 빨리 끝내기 등의 작은 실천부터 시작해 봐요!

대책 ② 식물 기르기

집 안에서 식물을 기르면 이산화탄소를 빨아들여요. 학교나 공원에서 열리는 나무 심기 활동에 참가하는 것도 좋겠지요!

대책 ③ 자전거를 타거나 걷기

가까운 거리는 자동차를 이용하지 않고 자전거를 타거나 걸어서 이동하면 이산화탄소 배출량을 줄일 수 있어요.

온난화는 우리의 생활과 관계된 심각한 문제이므로, 한 사람 한 사람의 작은 행동이 모이면 큰 변화를 일으킬 수 있어요. 다 함께 힘을 합쳐 지구를 지켜요!

 왜 쓰레기 문제가 일어날까요?

원인 ① 일회용품을 많이 쓴다

요즘에는 한 번 사용하고 버리는 일회용품이 아주 많아요. 예를 들면 주스가 들어 있는 페트병이나 플라스틱 장난감 등이 있어요. 이런 것들이 많이 나오면 쓰레기가 늘어나게 돼요.

원인 ② 쓰레기 분리수거가 어렵다

쓰레기는 타는 쓰레기와 재활용할 수 있는 쓰레기 등 여러 종류로 나뉘어요. 하지만 올바르게 분리하기 어려운 것도 있어요.

 쓰레기 문제는 어떻게 해결하나요?

대책 ① 재활용하기

쓰레기로 버려지는 것들 중에는 다시 사용할 수 있는 것이 아주 많아요. 페트병, 종이, 알루미늄 캔처럼 재활용할 수 있는 것들을 올바르게 분리해서 버리면 쓰레기를 줄일 수 있어요.

대책 ② 장바구니 사용하기

쇼핑할 때 물건을 담을 가방을 들고 가면 비닐봉지를 사용하지 않아도 돼요. 이것만으로도 수많은 쓰레기를 줄일 수 있어요.

대책 ③ 오래 쓸 수 있는 물건 고르기

장난감이나 문구류를 고를 때, 오래 쓸 수 있는 것이나 잘 망가지지 않는 것을 고르면 쓰레기를 줄일 수 있어요.

쓰레기 문제는 우리의 작은 의식이나 행동으로 조금씩 해결해 나갈 수 있어요. 다 함께 힘을 합쳐 지구를 깨끗하게 지켜 나가요!

5-6 AI와 인간의 창조성에 대해 생각해 보자

① AI의 대답은 인간의 창조성에 바탕을 두고 있다

지금까지 여러 가지 프롬프트를 시험해 보고, AI가 다양한 대답을 내놓는 것을 확인했어요.

'AI는 정말 굉장하구나.'

이렇게 생각한 사람도 있을 거예요.

하지만 여기에서 짚고 넘어가야 할 것은, **AI를 개발한 것은 결국 인간**이라는 점이에요.

그러니까 AI의 대답이 '굉장하다'고 생각했다면, AI를 만든 인간이 '굉장하다'는 뜻이기도 하지요.

또 AI는 인간이 입력한 학습 데이터를 바탕으로 대답해요. 학습 데이터를 만들어 낸 것 역시 인간이니, AI의 대답이 훌륭하다면 '입력한 학습 데이터가 훌륭하다', 즉 '학습 데이터를 만들어 낸 인간이 훌륭하다'는 뜻이 되겠지요.

위에서 말한 내용은 AI를 활용할 때 꼭 생각해야 할 전제예요.

이렇듯 인간이 만들어 낸 AI임에도, 실제로 사용해 보면 '내가 생각한 대로 대답을 이끌어 내기는 어렵구나' 하고 실감하게 돼요. 실제로 프롬프트를 입력해 보면 기대한 대답이 돌아오지 않는 경우가 많아요.

'그런 뜻으로 질문한 게 아닌데……'

이렇게 느꼈던 적도 있을 거예요. 결국 생성형 AI의 대답은 **'어떤 프롬프트를 입력하는가'**에 달려 있어요.

즉, 좋은 프롬프트를 입력하면 좋은 대답을 얻을 수 있고, 그렇지 않은 프롬프트라면 그 정도의 대답밖에 얻을 수 없는 것이지요.

현재 생성형 AI가 사용자의 의도에 최대한 부합하는 적절한 대답을 내놓을 수 있도록 **좋은 프롬프트를 연구하는 '프롬프트 엔지니어'**라는 직업도 생겨나고 있어요.

이제 생성형 AI의 대답은 **인간의 창조성에 바탕을 두고 있다는 사실**을 잘 알겠지요?

② AI의 대답은 인간의 창조성을 자극한다

'낫토와 ○'

'잔멸치와 □'

무엇을 같이 먹으면 좋을까요?

대부분 '밥'이라고 생각할 거예요.

한 사이트에 따르면, AI의 미각 센서가 '맛있는 조합'으로 생각해 낸 답은 아래와 같았어요.

'낫토와 푸딩'

'잔멸치와 바나나'

'으악!' 하는 생각이 들지요? 하지만 실제로 먹어 보면 맛있답니다.

그렇다면 이 2가지 음식을 사용해서 무언가 새로운 요리를 고안해 보는 것도 좋겠지요.

이처럼 우리는 자신이 체험한 것을 통해 '보통은 이렇겠지'라는 상식을 가지고 있어요. 따라서 그 상식에 맞지 않는 것에는 위화감을 느껴요. **어떤 의미에서는 상식에 얽매인 셈이지요.**

AI는 이 상식을 무너뜨려요. 즉, AI의 대답은 인간의 창조성을 자극하는 작용을 한다고 말할 수 있어요.

일본의 유명한 장기 기사인 후지이 소타는 노벨상 수상 학자인 야마나카 신야 교수와 나눈 대담에서 **"인간이 얽매여 온 '상식'이라는 이름**

제5장 AI 마스터가 되려면

의 브레이크를 AI가 풀어 준다."라고 말했어요.

장기 기사에게는 '여기에 말을 두고 싶다', '여기에 말을 두지 않으면 기분이 나쁘다'라는 감각이 있어서 그 감각에 맞지 않는 수는 두지 않으며, 만일 상대방이 그 수를 둔다면 '무척 기분이 나쁘다'고 해요.

반면에 AI는 엄청나게 기분 나쁜 수를 태연하게 둬요. 하지만 국면을 진행시키다 보면 장기 기사들은 종종 '이래서 그랬구나' 하고 생각하게 되는 경우도 많아서, AI에게서 배울 점이 있다고도 말해요.

즉, 상식에 얽매이지 않는 AI의 대답이 인간에게 새로운 아이디어를 가져다주는 것이지요.

인간의 창조성이 AI의 대답을 낳고, 그런 AI의 대답이 또한 반대로 인간의 창조성을 촉진하는 관계라고 할 수 있답니다.

칼럼 팩트 체크를 할 수 있는 웹사이트

미국에는 그 내용이 사실인지 팩트 체크를 할 수 있는 '스노프스(Snopes)'라는 사이트가 있어요(https://www.snopes.com/).

이것은 인터넷상의 가짜 뉴스 등을 조사하는 웹사이트예요. '한국어로 번역'이라는 기능을 사용하면, 읽기에는 약간 불편하지만 어느 정도는 이해하면서 볼 수 있어요.

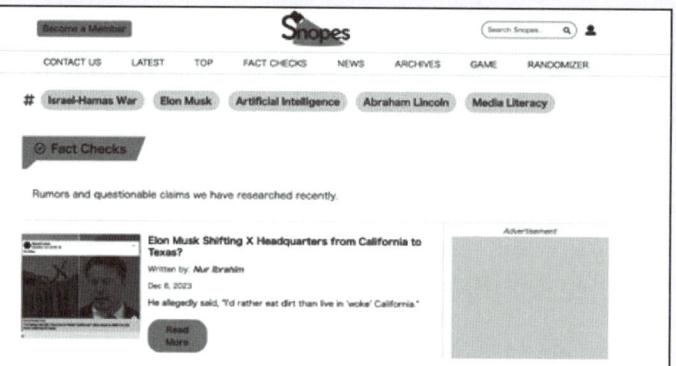

우리나라도 최근 한 스타트업 회사가 AI 팩트 체크 기술을 개발하여 테스트 단계에 돌입하였고, 곧 상용화될 거라고 해요.

AI가 내놓은 정보에 의문이 느껴진다면 이런 사이트를 이용해 보는 것도 좋아요.

제6장

AI가 미래를 바꿀까?

6-1 AI는 대체 무엇일까?

① AI란?

이 책에서 우리는 '생성형 AI'라는 말을 여러 번 사용했어요. 일상생활에서 'AI'라는 말이 많이 사용되고 있지만, 여러분은 이것이 구체적으로 무엇을 의미하는지 알고 있나요? 그럼 이 'AI'에 대해 다시 한번 알아보도록 해요.

AI란, **'인공지능(Artificial Intelligence)'**을 가리키는 말이에요.

AI는 1956년에 미국의 연구자 존 매카시가 처음 사용한 말로, **'인간의 인지, 추론, 판단 등의 능력을 컴퓨터로 구현하기 위한 기술 혹은 연구 분야'**를 뜻해요.

여러분은 혹시 'AI 스마트 스피커'를 본 적이 있나요?

요즘엔 가정에서도 흔히 볼 수 있는 AI 스마트 스피커는 말을 걸면 대답해 주고, 음악을 틀어 달라고 하면 틀어 줘요.

마치 인간과 대화하는 것처럼 일상생활에 관련된 대화를 자연스럽게 이어 나갈 때도 있지요.

그 중심이 되는 기술이 바로 **'AI'**예요.

AI를 사용하다 보면 때론 '인간처럼' 느껴질 때가 있어요.

하지만 AI에게 '성격'이나 '마음'은 없어요. 인간이 만든 프로그램이니까요.

AI는 사람과 비슷한 수준으로 문제를 해결하기 위해 사용되는 것이에요. 즉, 컴퓨터가 사람의 사고방식을 흉내 내는 기술이라고 생각하면 돼요.

② AI는 어떤 일에 사용될까?

AI는 어떤 일을 할 때 사용할 수 있을까요?

AI에는 크게 5가지 종류가 있어요*.

아래에 나열한 AI의 종류를 살펴보면서 각각의 항목에는 어떤 것이 해당하는지 한번 생각해 보세요.

---

① 보고 인식하는 AI
② 생각하고 예측하는 AI
③ 대화하는 AI
④ 물건을 움직이는 AI
⑤ 무언가를 만들어 내는 AI

앞서 말한 'AI 스마트 스피커'는 ③번에 해당돼요.

요즘 특히 주목받고 있는 것이 ⑤번의 한 종류인 **'생성형 AI'**지요.

---

* 노구치 류지《AI 시대, 문과생은 이렇게 일합니다》(시그마북스)를 바탕으로 작성.

③ AI는 어떤 곳에서 활약하고 있을까?

AI는 우리 생활을 점점 편리하게 만들고 있어요.
구체적인 상황을 살펴볼까요?

동영상 시청 사이트: '유튜브' 등도 AI를 사용해요. 이전 동영상 시청 이력을 분석해서, 사용자가 다음에 보고 싶어 할 것으로 예상되는 동영상을 추천해 줘요.

번역 사이트: '구글 번역' 등은 외국어를 우리말로 번역하거나, 우리말을 외국어로 번역해 줘요. 다른 언어로 말하는 사람과도 친구가 될 수 있겠지요.

자율 주행 기술: 자동차에 달린 센서와 카메라로 AI가 주위를 인식해요. 자동차는 이를 통해 장애물을 피하거나 필요할 때 멈출 수 있지요. 운전이 더 안전하고 편리해질 것 같아요.

경비 로봇: AI를 사용해서 집을 지켜 줘요. 만일 이상이 있으면 스마트폰으로 알림을 보내는 시스템이에요. 안심하고 외출할 수 있겠네요.

제6장 AI가 미래를 바꿀까?

AI는 여러 가지 상황에서 우리를 도와주고 있어요. 아래의 예시는 편리하고 살기 좋은 미래를 열어 가는 실마리가 될 수 있을 거예요.

AI 알람 기능: 수면의 깊이를 감지해서 얕은 잠에 빠져 있을 때 울리도록 설계된 알람이에요.

교통 경로 안내: 사고 등의 이유로 시간에 맞춰 목적지에 도착할 수 없을 때, AI를 이용한 내비게이션은 최신 정보를 인식해서 경로를 안내해 줘요.

효율적인 집안일: '가지고 있는 식재료로 요리 레시피를 제안하는 냉장고', '오염 정도에 따라 최적의 세탁 모드를 골라 주는 세탁기' 등 일상 속 집안일을 효율적으로 도와줘요.

건강 관리: 우리의 일상 속 움직임과 심박수 등을 통해 건강 상태를 파악하고 조언을 해 줘요.

6-2 AI와 함께하는 미래를 생각하자

① AI와 인간이 역할을 분담하는 사회

우리의 일상생활을 들여다보면, 이미 **다양한 상황에서 AI가 활용되고 있다는 점**을 알 수 있어요.

예를 들면 청소 로봇이 있어요. 여러분의 집에도 이미 있을지 모르겠네요. 사람 대신 집 안을 청소해 주니까 청소하는 수고를 덜 수 있고, 그 시간에 가족끼리 오붓한 시간을 보내거나 취미 활동을 하며 시간을 보낼 수도 있어요.

그럼 만일 청소 로봇이 작동하지 않게 되었다고 해 볼까요? 전원을 껐다 켜도 전혀 움직이지 않는다면 어떻게 해야 할까요?

제조사 홈페이지를 살펴보니 고장 관련 문의를 할 수 있게 되어 있어요. 채팅 창에 "갑자기 작동하지 않아요."라고 입력하니, 바로 "○○를 해 보세요."라는 식의 제안이 여러 개 나와요. 문의 내용에 따라 AI가 자동으로 대답하는 거예요.

제조사 직원 입장에서 생각하면 똑같은 질문에 대해 여러 번 대답하는 수고를 덜 수 있으므로, 그만큼 다른 일에 시간과 노력을 쏟을 수 있어요.

다른 예를 들어 볼게요. 여러분은 편의점에서 간식이나 문구류 등을 사 본 적 있지요? 편의점에서는 '어느 정도 나이대의 손님이 언제, 어떤 물건을 샀는지'에 대한 기록을 모으고 있어요.

그 데이터를 분석해서 '이 상품은 많이 들여오자', 혹은 '이 상품은 조금만 들여오자' 하는 식으로 가게에 진열할 상품을 정해요.

이 작업도 AI가 해요. AI에게 이 일을 맡기면, 직원은 그 일을 할 시간에 가게 안을 쾌적하게 만들 방법을 생각하거나 손님을 더 정성껏 응대할 수 있어요.

이 외에도 여러 분야에서 **지금까지 인간이 해 오던 일을 AI에게 맡김으로써 시간과 노력을 절약하고, 그렇게 번 시간 동안 인간은 인간만이 할 수 있는 일을 해요.** 이처럼 **역할 분담**이 적절히 이루어지는 것이 AI와 함께하는 미래의 모습이라고 할 수 있겠지요.

② AI 덕분에 인간은 창조성을 더 발휘할 수 있다

그렇다면 인간만이 할 수 있는 일이란 무엇일까요?

우선 **새로운 꿈이나 목표를 그리고 실현해 나가는 일**이에요.

오늘날에는 자동차와 지하철 등 다양한 이동 수단이 있어요. 만일 서울에서 부산까지 갈 때, 기차를 탈 경우 약 3시간이면 도착해요.

하지만 옛날에는 기차가 없었어요. 아주 먼 옛날, 사람들의 교통수단은 오로지 두 다리뿐이었지요. 서울에서 부산까지는 약 400킬로미터로, 걸어서 가면 약 2주가 걸려요. '더 빨리 가고 싶다'는 생각은 여러 가지 교통수단을 만들었고, 지금에 이르게 된 것이지요.

지금은 많은 사람이 스마트폰을 가지고 있어요. 여러분도 친구와 스마트폰을 통해 메시지를 주고받고 있을 거예요.

옛날에는 집마다 전화선이 깔려 있고, 그와 연결된 고정식 전화기가 있었어요. 이후 '밖에서도 전화를 하고 싶다'라는 꿈이 휴대전화의 개발로 이어졌지요. 나아가 '인터넷도 사용하고 싶다'라는 생각이 스마트폰을 탄생시켰고요.

이처럼 인간은 계속해서 새로운 꿈이나 목표를 그리고 그것을 실현해 왔어요. 이를 통해 더 쾌적한 생활, 더 살기 좋은 사회가 이루어졌지요.

새로운 꿈이나 목표를 그리는 일, 그 꿈과 목표를 새로운 아이디어를 통해 실현하는 일, 이것이 바로 '인간의 창조성'이에요.

AI는 인간이 창조성을 발휘하는 데 필요한 '시간'과 '에너지'를 마련해 줘요.

심지어 앞에서 살펴본 것처럼, 인간의 창조성 그 자체를 자극하는 역할도 하고 있지요.

AI로 인해 인간의 창조성이 더욱 발휘되는 사회, 이것이 AI와 함께하는 바람직한 미래의 모습이에요.

6-3 AI는 일과 산업을 크게 바꿀까?

1 AI가 일을 바꿀 가능성은?

2023년 3월, 챗GPT에게 '의사 국가시험(의사가 되기 위한 시험)' 문제를 풀어 보게 했다고 해요.

일본에서 출제된 과거 5년간의 문제를 풀어 본 결과, 챗GPT는 시험에 합격했어요. 뿐만 아니라 미국의 의사 자격시험에서도 합격했고, 미국의 사법 시험(변호사 등이 되기 위한 시험)에서도 상위 10퍼센트에 속하는 점수를 얻었어요[*1]. 이처럼 AI의 능력은 무척 우수하지요.

이와 같은 사실에 비추어 볼 때, **AI의 등장으로 우리의 일과 산업은 변화할 것이라고 예상되고 있어요.**

구체적으로 챗GPT로 인해 일하는 시간이 절반으로 줄어드는 직업을 인간이 예상하고 정리해 보았다고 해요. 그 직업은 오른쪽 위의 표와 같이 예상할 수 있어요[*2].

또 같은 내용을 챗GPT가 예상한 결과도 있어요. 그것이 오른쪽 아래의 표예요.

'일하는 시간이 절반이 될 수학자의 비율이 100퍼센트'라니, 조금 믿기 어려운 이야기지만 이렇게 예상되고 있답니다.

[*1] 출처: https://openai.com/research/gpt-4

제6장 AI가 미래를 바꿀까?

〈인간의 예상〉

일	일하는 시간이 절반으로 줄어드는 사람의 비율
조사연구가	84.4%
기자, 작가	82.5%
통역가	82.4%
광고 홍보	80.6%
동물학자	77.8%

〈챗GPT의 예상〉

일	일하는 시간이 절반으로 줄어드는 사람의 비율
수학자	100%
블록체인 엔지니어	97.1%
동시통역가	96.4%
교정가	95.5%
동물학자	77.8%

*2 출처: 〈GPTs are GPTs: An Early Look at the Labor Market Impact Potential of Large Language Models〉
https://arxiv.org/pdf/2303.10130.pdf

191

세계 최대의 컴퓨터 소프트웨어 회사 마이크로소프트의 창업자인 빌 게이츠는 다음과 같이 말했어요[*1].

> 챗GPT는 1980년 이래 가장 중요한 테크놀로지의 진보이다. 산업계 전체가 이 기술을 중심으로 방향을 전환하게 될 것이다.

② 인간에게 중요한 것

한편, **인간이기에 중요하게 여겨야만 하는 기술(능력)도 현재 재검토되고 있어요.**

오른쪽의 '생성형 AI 시대에 인간에게 요구되는 8가지 기술'이라는 표를 살펴볼게요[*2].

오른쪽 끝이 AI가 잘하는 분야예요. 가장 아래에 **'24시간 365일 노동'**이라는 부분이 눈에 띄네요.

왼쪽 끝이 인간의 영역이에요. 가장 위에는 **'열정·인간으로서의 생각'**이 있고, **'리더십'**, **'공감'** 순으로 이어져요.

앞으로 AI와 협력하면서 산업을 발전시켜 나가기 위해 반드시 생각해 봐야 할 내용이에요.

[*1] 출처: 〈The Age of AI has begun〉
https://www.gatesnotes.com/The-Age-of-AI-Has-Begun(By Bill Gates, March 21, 2023)

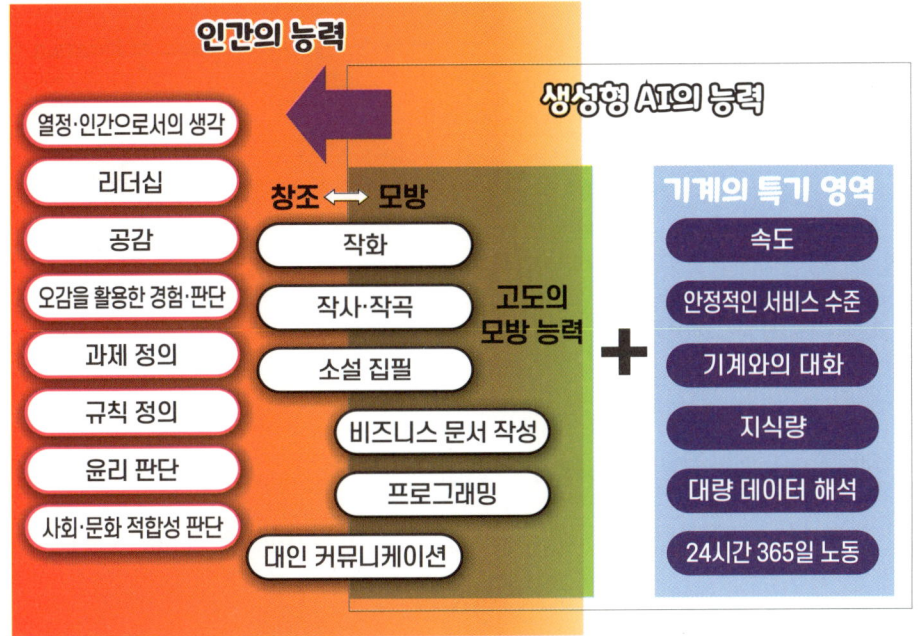

생성형 AI 시대에 인간에게 요구되는 8가지 기술

*2 출처: 〈챗GPT는 틱톡의 4배 이상의 속도로 보급. 액센츄어가 비즈니스 장점과 위험을 언급〉
https://pc.watch.impress.co.jp/docs/news/1494429.html

6-4 AI는 어디까지 진화할까?

① AI는 어디까지 진화할까?

최근 AI는 아주 놀라운 속도로 진화하고 있어요. 생성형 AI가 탄생하면서 'AI는 인간보다 대단하다'라는 생각까지 들 정도예요.

AI는 대체 어디까지 진화할까요? 이 질문에 대해 한번 생각해 봐요.

우선 AI에게 질문을 해 볼게요.

챗GPT에게 "AI는 어디까지 진화할까요?"라고 입력해 봤어요. "초등학생도 알 수 있도록 대답해 주세요."라는 말도 덧붙였지요.

그러자 다음과 같은 대답이 나왔어요.

> 지금의 AI는 특정한 일만 할 수 있지만, 미래에는 인간처럼 여러 가지 일을 할 수 있는 AI가 탄생할 수도 있어요.
>
> 결국 AI는 사람들을 더 행복하고 편리하게 만들어 주는 역할을 할 거예요. 하지만 항상 사람들의 지도가 필요하다는 것도 잊지 말아야 해요. AI가 어떻게 사용되는지 잘 이해하고, 좋은 방향으로 활용하는 것이 중요하답니다.

② 특정한 일만 할 수 있는 '약한 AI'

챗GPT의 대답을 정리해 볼까요?

우선 앞부분이에요.

"지금의 AI는 특정한 일만 할 수 있다."

맞는 말이에요. 글을 쓸 수 있는 AI, 그림을 그릴 수 있는 AI, 음악을 만들 수 있는 AI 등 저마다 '할 수 있는 일'이 정해져 있어요.

2015년에는 바둑을 둘 수 있는 '알파고'라는 AI가 주목을 받았는데, 당시 인간 바둑 기사를 이긴 것으로 유명해요. 'AI가 이기기 가장 어려운 분야'라고 여겨지던 바둑에서 인간을 이겼으니, 전 세계가 충격에 빠졌지요.

하지만 이 알파고가 강한 분야는 바둑뿐이에요. 오셀로 게임이나 트럼프는 못 해요.

이처럼 지금 우리 주위에 있는 AI는 모두 특정한 일밖에 하지 못한답니다.

이와 같은 AI를 **'약한 AI'**라고 불러요.

프로 바둑 기사를 이기는 AI인데도 '약한 AI'라고 부르다니, 재미있네요.

③ 인간처럼 여러 가지 일을 할 수 있는 '강한 AI'

그렇다면 **'강한 AI'**란 어떤 AI일까요?

챗GPT가 한 대답을 다시 한번 살펴보세요.

"인간처럼 여러 가지 일을 할 수 있는 AI"라고 했어요. 이를 전문 용어로 **'범용 인공지능'**이라고 해요.

이 '강한 AI'는 아직은 실현되지 않았어요. 챗GPT의 대답에서도 볼 수 있듯, '미래에 생겨날지도 모르는 AI'인 것이지요. '강한 AI'를 만들어 내는 일은 현재의 과학 기술로는 아직 어려워요.

④ 왜 어려울까

'강한 AI'를 만들기 어려운 이유는 바로 **'인간처럼'**이라는 부분 때문이에요.

우리 인간은 무언가를 생각하고 행동해요.

예를 들면 '오늘은 날이 추우니까 따뜻한 스튜를 만들어 먹자. 가족들도 기뻐하겠지.'라고 생각했다고 가정할게요. 그러면 슈퍼마켓에 가서 재료를 골라 장을 보고 스튜를 만들겠지요.

그러나 AI는 이런 일을 할 수 없어요.

물론 재료만 준다면 요리사처럼 맛있는 스튜를 만들어 주는 AI가 생겨날지도 몰라요. 하지만 스튜는 잘 만들지언정, '오늘은 추우니까'라는 부분은 생각할 수 없는 것이지요.

그날의 기온을 자동으로 측정하는 AI는 만들 수 있어요. 요리를 해 주는 AI도 만들 수 있을 거예요.

하지만 AI에게 '기온'과 '메뉴'를 연결 짓는 일은 무척 어려워요.

나아가 가족들이 기뻐할 만한 메뉴를 예상하고, 가족의 취향을 고려하며, '최근에 뭘 먹었는지'까지 생각해서 결정하는 일 등은 현재의 AI로서는 할 수 없는 일이에요.

즉, 우리가 메뉴를 정할 때 '당연하게 하는 일'을 AI가 스스로 생각하기는 어려워요.

인간처럼 생각하고, 결단하고, 여러 가지 행동을 하는 AI. 그런 AI는 과연 언제 만들어질 수 있을까요?

6-5 AI와 함께하는 미래는?

앞으로 여러분이 어른이 될 무렵에는 이런 세계가 기다리고 있을지도 몰라요.

① AI+드론

아침에 당신의 스마트폰으로 연락이 왔어요.

"10분 후에 택배가 도착합니다."

창밖을 내다보니 하늘에 드론이 날고 있어요. 택배를 가져다주기 위해서지요.

드론은 가까이 다가와서 당신의 얼굴을 카메라로 촬영해요. 주문한 사람과 같은 사람인지 확인하는 거예요. 이것을 **'얼굴 인식'**이라고 해요.

드론이 주문자 본인임을 확인했어요.

확인을 끝낸 드론은 짐을 내려 두고 다시 하늘로 날아갔어요.

② AI+냉장고

택배를 받은 당신은 이제 아침을 먹으려고 해요.

냉장고를 향해 이렇게 물었어요.

"아침 식사는 뭐로 할까?"

"시금치와 사과로 스무디를 만들면 어떨까요?"

AI는 지금 냉장고에 무슨 재료가 있는지 알고 있어요. 또한 당신이 좋아하는 음식과 음료도 알고 있고, 당신의 건강도 고려해요. 이 모든 정보를 바탕으로 스무디를 제안한 것이지요.

AI가 당신에게 딱 맞는 요리를 추천해 주었어요.

냉장고가 또 말했어요.

"우유가 얼마 남지 않았는데, 주문할까요?"

AI는 냉장고 안에 있는 재료의 양도 알고 있어요. 그리고 당신이 허락하면 주문까지 해 줘요.

③ AI+스피커

당신이 스무디를 마시고 있는데, AI 스피커가 말했어요.

"슬슬 학교에 갈 시간이에요."

AI는 당신의 시간 관리도 해 줘요.

황급히 집 밖으로 나서려는 당신에게 또 AI 스피커가 말을 걸었어요.

"오늘은 비가 내릴 확률이 높아요. 우산을 챙기세요."

AI가 날씨까지 알려 주네요.

이런 세상이 정말로 오게 될까요?

어쩌면 미래에는 도라에몽 같은 AI 로봇이 탄생할지도 몰라요. 웃는 얼굴로 진구를 도와주는 도라에몽처럼, 여러분의 일상을 서포트해 주는 로봇 말이에요.

조만간 '인간보다 똑똑한 AI가 탄생할 것'이라고 말하는 사람도 있어요. 반대로 '탄생하지 않을 것'이라고 말하는 사람도 있지요.

인간보다 똑똑해질지 그렇지 않을지는 알 수 없지만, 분명 지금보다 더 멋진 AI가 탄생해서 즐거운 생활을 할 수 있게 될 거예요. 또 그렇게 되도록 인간은 노력을 계속하겠지요.

그런데 한 가지, 잊어서는 안 되는 것이 있어요.

그것은 **AI도 사람이 만들어 낸 것**이라는 점이에요. AI는 결코 마법의 상자에서 저절로 탄생한 것이 아니에요. 바로 인간의 힘에 의해 태어난 것이지요.

여러분은 앞으로도 사람을 소중하게 생각하는 마음을 잊지 않고, AI가 서포트해 주는 멋진 세계에서 생활하며 도라에몽 같은 AI 로봇을 만들게 되었으면 좋겠어요.

다가올 미래는 인간과 AI가 힘을 합쳐 **'창조성'**을 더욱 발휘해 나가는 사회가 되길 바라요.

제6장 AI가 미래를 바꿀까?

> 끝마치며

보호자 여러분께

생성형 AI가 어떤 특징을 가지고 있는지, 또한 우리 생활에 얼마나 편리한지 이 책을 통해 충분히 알게 되셨으리라 생각해요.

AI는 무척 멋진 능력을 갖고 있어요.

하지만 그 능력을 사용하는 것은 결국 인간이에요.

인간이 조종사인 셈이지요.

그러므로 인간의 지식과 사고방식, 의사 결정이 무엇보다 중요해질 거예요.

AI로 하여금 단순하게 무언가를 조사하거나 만들게 하고 그것을 그대로 사용하는 것이 아니라, 우리의 사고를 더 깊게 만드는 도구로 활용하면 어떨까요?

생성형 AI는 우리의 아이디어에 약간 다른 관점이나 좀 더 발전시킨 내용 등을 더해 줘요.

따라서 다음과 같이 사용한다면 좋을 것 같아요.

1. 생성형 AI에게 무언가를 요구하여 대답을 얻었을 때는 그 대답을 그대로 받아들이기 전에 먼저 그것이 정확한 것인지 조사하고 따져 본다.

2. 생성형 AI를 사용하는 일이 누군가에게 폐가 되거나 규칙을 위반하게 되는 건 아닌지 잠시 멈춰서 생각해 본다.
3. 외국어 연습이나 토론 등 '대화 기술'의 연습에 사용한다.
4. 자신의 아이디어와 생성형 AI가 내놓은 내용을 비교해 본다.
5. 인간의 논의에 '약간 다른 시점'을 더하게 한다.
6. 해결하기 어려운 문제에 대해 생각하거나 분석하기 위한 관점을 내놓게 한다.
7. 기타

학교나 가정에서 아이들의 AI 사용을 단순히 금지하는 것만으로는 아무것도 해결되지 않아요.

'스스로 생각하기'를 늘 밑바탕에 두고, '어떤 상황에서 어떻게 사용하면 좋을까'에 대해 다 함께 생각해 나가는 것이 중요하답니다.

다니 가즈키

찾아보기

ㄱ
가짜 뉴스 34, 180
강한 AI 196
개인 정보 6, 11, 19, 40, 78, 79, 109
검색 엔진 11, 49, 157
경비 로봇 184
계산 50, 52, 53, 80, 143
구글 7, 49
구글 번역 184
국어 62
글짓기 20~23, 74, 75, 78, 79, 89, 150

ㄷ
동영상 생성 AI 16, 34, 108, 144
동영상 시청 사이트 184
딥러닝 206

ㄹ
롤플레잉 게임 112

ㅁ
마이크로소프트 빙 29, 102, 126, 142, 157
메타버스 206
문장 생성 AI 16, 17, 26, 30, 31, 42, 126, 144
미디어 36~39

ㅂ
바이어스 120
번역 8, 110, 180, 184
번역 사이트 180, 184
범용 인공지능 196
블로그 36

ㅅ
사회(교과목) 68
산업 190, 192
생성형 AI 6, 9, 10, 11, 16~20, 24~27, 29, 30, 32, 54, 73, 86, 88, 124, 132, 134, 144, 154, 156, 157, 177, 182, 183, 192~194, 202, 203
수학 55, 82, 143
스타빌리티 AI 144
스페이셜 206
슬로건 153
신디시아 144

ㅇ
아이디어 8, 17, 81, 85, 88~90, 92, 93, 95, 106, 130~133, 142, 148, 150, 151, 153, 158~160, 162, 166, 179, 188, 202, 203
알파고 195
약한 AI 195
얼굴 인식 198
엉뚱한 요구 138, 139, 141, 143
여행 계획 136
역질문 162
역할 분담 187
연기 71, 154
영어 8, 43, 54, 70, 71, 72, 110, 111
영어 회화 71, 72, 168
예측 18, 29, 54, 120, 172, 183
웹툰 AI 페인터 206
위법 행위 142
유디오 144
유튜브 36, 109, 184
음성·음악 생성 AI 16, 144

이미지 생성 AI 16, 24, 25, 81, 102, 107, 144
이벤트 158~166
이야기 88~95, 115, 120
인공지능 2, 3, 182, 206

ㅈ
자율 주행 기술 184
전자책 206
제미나이 29, 144, 157, 206

ㅊ
챗GPT 6~10, 16, 17, 20, 21, 23, 25~27, 29~31,
  40, 42, 45, 47, 48~50, 53~55, 58, 60, 62,
  64, 66, 67, 69~74, 77, 78, 88, 89, 91~95,
  97, 112, 116, 117, 119, 120, 122, 124,
  126, 130, 132, 134, 136, 138, 141, 143,
  146, 148, 149, 151, 154, 165, 168, 170,
  190~196
챗봇 206
출, 시, 검 32~34

ㅋ

캔바 144

ㅌ

타이핑 58, 59
텍스트 게임 112
토론 168~171, 203
튜닝 206

ㅍ
팩트 체크 32, 34, 35, 180

프로그래밍 51, 112, 116, 193
프롬프트 47, 55, 57, 58, 68, 71, 84, 88, 92, 93,
  97, 103, 105, 109~112, 118, 138,
  144, 147, 160, 166, 167, 176~178
프롬프트 엔지니어 177
플랫폼 143

ㅎ
허깅 페이스 144

A~Z
IDLE 116, 117
AI 182, 186, 190, 194, 198
SUNO 96~98, 100
Gen-2 108
OpenAI 7, 17
Python 116, 117
S.P.O.T 34
Seeing AI 107
ZAPPY 128
Siri 16
Snopes 180
SNS 32, 36, 128

 **어린이를 위한 사이트 소개**

제미나이(Gemini)
구글이 개발한 대화형 인공지능 모델로, 구글 바드에서 이름이 바뀌었어요. 챗봇의 하나이며, 과학이나 수학에 대한 추론뿐 아니라 코딩, 이미지 작업도 수행할 수 있어요. 구글 검색에서 이용되는 100개 이상의 언어를 지원하고 있어요.

웹툰 AI 페인터(Webtoon AI Painter)
웹툰 AI 페인터는 딥러닝 기술을 활용하여 초보자도 쉽게 채색할 수 있도록 도와주는 프로그램이에요. 한 번의 클릭만으로 전체 채색이 가능하며, 약 120회 정도의 클릭이 가능하다고 해요. 미술 수업을 준비할 때 밑그림을 그리고 채색하는 과정이 있다면 큰 도움이 될 거예요.

투닝(tooning)
생성형 AI를 기반으로 하여 웹툰 형식으로 자유롭게 이야기를 만들 수 있는 프로그램이에요. 가입하기 전 체험해 볼 수 있다는 장점이 있어요.

북 크리에이터(Book Creator)
나만의 개성 있는 전자책을 만들 수 있는 프로그램이에요. 이미지나 사진, 글 등을 자유롭게 입력할 수 있어요.

스페이셜(Spatial)
메타버스 수업을 위한 플랫폼 중 하나로, 교육용으로 개발된 것은 아니지만 안전하고 효과적인 수업이 가능해요. 학생들이 만든 작품을 직접 전시할 수 있고, 선생님은 수업 자료를 화면에 공유하여 수업을 진행할 수도 있어요.

저자 소개

TOSS AI활용교육연구회

다니 가즈키谷和樹 (TOSS 대표/다마가와대학 교직대학원 교수)

이와나가 쇼타岩永将大 (나가사키현 초등학교 교사)

우에키 노부히로上木信弘 (후쿠이현 초등학교 교사)

가토 신加藤心 (홋카이도 중학교 교사)

고토 류이치後藤隆一 (이바라키현 초등학교 교사)

사카모토 미와코坂本美和子 (교토부 고등학교 교사)

시오야 나오히로塩谷直大 (홋카이도 초등학교 교사)

다나카 다이지田中泰慈 (시즈오카현 초등학교 교사)

하시모토 료橋本諒 (시즈오카현 초등학교 교사)

하야시 다케히로林健広 (야마구치현 초등학교 교사)

히라노 료타平野遼太 (시즈오카현 초등학교 교사)

허종만許鍾萬 (효고현 초등학교 교사)

무라세 아유무村瀬歩 (도쿄도 고등학교 교사)

야마우치 에이지山内英嗣 (아이치현 초등학교 교사)

이와이 다카히로若井貴裕 (시가현 초등학교 교사)

TOSS 소개

TOSS(Teachers' Organization of Skill Sharing)란, '모든 어린이에게 가치 있는 교육'을 목표로 하는 민간 교육 연구 그룹입니다.

교사와 교육 관계자 들이 미래를 짊어질 소중한 아이들을 위해 '모든 아이는 소중하게 대해야 한다. 한 명의 예외도 없이'를 모토로, 교사로서의 역량 향상을 목적으로 활동하고 있습니다.

TOSS 공식 웹사이트 https://www.toss.or.jp/

지금! 바로! 쓸 수 있는 AI의 모든 것

글 TOSS AI활용교육연구회 | 감수 다니 가즈키 | 옮김 김지영

1판 1쇄 펴낸날 2024년 10월 30일

펴낸이 이충호 | 펴낸곳 길벗어린이㈜ | 등록번호 제10-1227호 | 등록일자 1995년 11월 6일
주소 03986 서울시 마포구 월드컵북로8길 25, 3F
대표전화 02-6353-3700 | 팩스 02-6353-3702 | 홈페이지 www.gilbutkid.co.kr
편집 U&J 송지현 임하나 황설경 박소현 김지원 | 디자인 U&J 김연수 송윤정
마케팅 호종민 신윤아 이가윤 최윤경 김연서 강경선 | 경영지원본부 이현성 김혜윤 전예은
제조국명 대한민국 | ISBN 978-89-5582-775-0

9-SAIKARA SHITTEOKITAI AI WO MIKATANITSUKERU HOHO
Copyright © 2024 Tani Kazuki
First published in Japan in 2024 by MICRO MAGAZINE, INC.
Korea translation rights arranged with MICRO MAGAZINE, INC.
through Shinwon Agency Co.
Korean edition copyright © 2024 by Gilbut Children Publishing Co., Ltd.

이 책의 한국어판 저작권은 신원에이전시를 통해 저작권자와 독점 계약한 길벗어린이㈜에 있습니다.
저작권법에 따라 한국 내에서 보호를 받는 저작물이므로 무단 전재와 복제를 금합니다.